核电厂员工行为管理

主 编 乔辛卯 肖 杰 王 俐

原子能出版社

图书在版编目(CIP)数据

核电厂员工行为管理/乔辛卯,肖杰,王俐主编. —北京:
原子能出版社,2010.9
ISBN 978-7-5022-5048-5

Ⅰ.①核… Ⅱ.①乔… ②肖… ③王… Ⅲ.①核电厂
—工业企业管理:人事管理—中国 Ⅳ.①F426.23

中国版本图书馆 CIP 数据核字(2010)第 187076 号

内容简介

本书以行为管理科学为基础,应用组织行为学、心理学、管理学等科学的基本原理、方法,以核电厂组织中的个体、群体、组织行为为研究对象,通过对核电厂员工在企业中的行为及其规律的研究,以帮助核电厂员工对企业行为管理的理解和认识。同时,本书也可帮助核电厂各级管理人员对员工的行为进行预测和引导。

本书可作为核电厂新员工入厂培训教材,也可作为核电厂各级管理人员进行员工行为管理实践的参考工具书。

核电厂员工行为管理

出版发行 原子能出版社(北京市海淀区阜成路 43 号 100048)
责任编辑 卫广刚
技术编辑 丁怀兰 王亚翠
责任印制 潘玉玲
印　　刷 保定市中画美凯印刷有限公司
经　　销 全国新华书店
开　　本 787 mm×1092 mm 1/16
印　　张 7.5 **字　数** 184 千字
版　　次 2010 年 12 月第 1 版 2010 年 12 月第 1 次印刷
书　　号 ISBN 978-7-5022-5048-5 **定　价** **38.00 元**

网址:http://www.aep.com.cn **E-mail:atomep123@126.com**
发行电话:010-68452845

中国核工业集团公司
核电培训教材编审委员会

《核电厂员工行为管理》
编　辑　部

主　　编　乔辛卯　肖　杰　王　俐

编　　者　（按姓氏拼音顺序排列）
李映婵　刘玉山　莫银良

统审专家　（按姓氏拼音顺序排列）
侯阅兵　匡志海　屈凡玉　周刘来

总　序

核工业作为国家高科技战略性产业，是国家安全的重要基石、重要的清洁能源供应，以及综合国力和大国地位的重要标志。

1978 年以来，我国核工业第二次创业。中国核工业集团公司走出了一条以我为主发展民族核电的成功道路。在长期的核电设计、建造、运行和管理过程中，积累了丰富的实践和理论经验，在与国际同行合作过程中，实现了技术和管理与国际先进水平相接轨，取得了骄人的业绩。

中国核工业集团公司在三十多年的核电建设中，经历了起步、小批量建设、快速发展三个阶段。我国先后建成了秦山、大亚湾、田湾三大核电基地，实现了我国大陆核电“零”的突破、国产化的重大跨越、核电管理与国际接轨，走出了一条以我为主，发展民族核电的成功之路。在最近几年中，发展尤为迅猛。截至 2008 年底，核电运行机组 11 台，装机容量 907.82 万千瓦，全部稳定运行，态势良好。

进入新世纪，党中央、国务院和中央军委对核工业发展高度重视、极为关怀，对核工业做出了新的战略决策。胡锦涛总书记指出：“无论从促进经济社会发展看，还是从保障国家安全看，我们都必须切实把我国核事业发展好”。发展核电是优化能源结构、保障能源安全、满足经济社会发展需求的重要途径。2007 年 10 月，国务院正式颁布了《核电中长期发展规划(2005—2020 年)》。核电进入了快速、规模化、跨越式发展的新阶段。

在中国核电大发展之际，中国核工业集团公司继续以“核安全是核工业的生命线”的核安全文化理念和“透明、坦诚和开放”的企业管理心态，以推动核电又好又快又安全发展为己任，为加速培养核电发展所需的各类人才，组织核电领域专家，全面系统地对核电设计、工程建造、电站调试、生产准备和生产运营等各阶段的知识进行了梳理，构造了有逻辑性、系统性的核电知识体系，形成了覆盖核电各阶段的核电工程培训系列教材。

这套教材作为培养核电人才的重要工具，是国内目前第一套专业化、体系化、公开出版的核电人才培养系列教材，有助于开展培训工作，提高培训质量、节约培训成本，夯实核电发展基础。它集中了全集团的优势，突出高起点、实用性强，是集团化、专业化运作的又一次实践，是中国核工业50余年知识管理的积淀，是中国核工业10万人多年总结和实践经验的结晶。

21世纪是“以人为本”的知识经济时代，拥有足够的优秀人才是企业持续发展的重要基础。中国核工业集团公司愿以这套教材为核电发展开路，为业界理论探讨、实践交流提供参考。

我们要继续以科学发展观为指导，认真贯彻落实党中央、国务院的指示精神，积极推进核电产业发展。特别是要把总结核电建设经验作为一项长期的工作来抓，不断更新和完善人才教育培训体系。

核电培训系列教材可广泛用于核电厂人员培训，也可用于核电管理者的学习工具书，对于有针对性地解决核电厂生产实践和管理问题具有重要的参考价值。

中国核工业集团公司总经理 孙勤

2009年9月9日

前　言

在人们越来越重视地球温室效应、气候变化和环境保护的大背景下，积极推进我国的核电建设，大力发展核电事业，这已成为我国能源发展的一项重要政策。近几年来，国家就核电的发展进行了一系列重大部署和政策调整，确立了积极发展核电的基本方针。根据国家《核电中长期发展规划（2005—2020年）》，我国核电行业已经进入了一个前所未有的快速发展阶段。

然而，要实现我国核电事业的快速发展，就必须拥有大批高素质的核电人才。核电是集现代科学与现代技术为一体的技术密集型产业，这一属性决定了发展核电必须有高水平的科学、技术与管理人才。由于核安全在核电事业中至高无上的地位，这决定了每一位核电厂员工必须具备符合核电厂，尤其是符合核安全需要的特殊素养，包括员工的工作态度、思维习惯和行为规范等诸多方面。本书正是基于培养核电厂员工良好的行为习惯和行为模式编写的。

为加快核电厂员工目标行为习惯的养成，使每个核电厂员工都能够把养成良好的工作习惯作为一种自觉行为，本书期望以行为管理科学为基础，应用组织行为学、心理学、管理学等学科的基本原理、方法，以核电厂中的个体、群体、组织的行为及其规律为研究对象，探讨人在核电厂中的行为及其规律，以便应用这些知识来改善员工的行为。

全书分个体行为、群体行为、组织行为和核电厂员工行为管理四个主要部分，分别介绍了个体行为规律及激励理论与方法，群体行为规律、团队建设及沟通，组织结构与组织文化，核安全文化下的行为管理、核电厂组织特点及核电厂员工的职业素养养成。本书特别介绍了许多在核电行业行之有效的组织行为管理的理念和方法。如IAEA的系统化培训方法（SAT法）、三段式沟通、STAR（明星自检）、防人因失误工具、运行人员行为规范、RO/SRO能力素质模型、核安全文化等。

我们期望通过本课程的学习，能使新入厂的核电员工尽快完成从学生身份向社会人的转变，向核电人的转变，协助其养成符合核电厂所要求的行为习惯和行为规范。使其了解到什么东西在影响着人们的行为，什么措施在规范着人们的行为，企业需要什么样的行为规范等，从而使这些核电厂新员工的行为向企业期望的方向发展，并实现企业价值和员工自身价值的共同发展。

我们也期望通过本课程的学习，能使核电厂的管理者了解到影响员工行为的各种因素，以及对个体行为、群体行为和组织行为的了解，并通过诸如激励、授权、沟通、协调等措施去预测、引导和掌握员工的行为，实现组织的目标。

在核工业管理干部学院组织本书的编写过程中，编写组对国内的部分核电企业和部门进行了调研和考察，并得到了这些企业和部门有关人员给予的巨大帮助。在此，我们特别对中核集团秦山核电有限公司公司办王文龙，中核集团秦山第三核电有限公司培训处莫银良，中核集团核电秦山联营有限公司等同志表示感谢。在本书的编写过程中，还参阅和利用了大量的国内外最新研究成果，在此对原著作者表示衷心感谢。由于作者水平的限制，书中存在一些疏漏与不当之处，敬请专家、读者批评指正。

作者

2010 年 6 月

目　　录

第一章　组织中的行为

第二章　个体行为

第三章 群体行为

第四章 组织行为

第五章 核电厂员工行为管理

第一章　组织中的行为

1.1　个人与组织

除非你想做鲁滨孙，在一个极度与世隔绝的荒岛上生活，否则你必须和组织打交道。社会是个组织，国家是个组织，民族是个组织，公司是个组织，家庭也是个组织。我们生活的环境里，组织是基本的构成单位。

整个社会的大规模组织化，始于工业革命时期，在19世纪工业革命引发的经济扩张时期，我们熟知的组织形式初露端倪。时至今日，“组织的发展已经成为高度分化社会中的主要机制，通过这个机制，人们才有可能‘完成’任务，达到对个人而言无法企及的目标。”（帕森斯，1960）

【扩展阅读】

关于为什么会有组织的探讨

协作性——组织起源问题讨论的起点。人们为了协作，必然选择一种可行的集体行动的方式。组织这种形式化的协作方式，提高了人们对不确定的未来变化做出反应的能力，为解决集体性产出的生产难题提供了可选方案，是社会发展的某个阶段的必然产物。

比较效益的获得——关于组织起源的一种技术主义路径的回答。无论是个体的还是协作的行动，都受到追逐私利的动机所驱使，而达到这一目的的最佳途径是提高效率，用最小的投入获得最大的产出，组织就是人们获得效率的最有效的手段和工具。亚当·斯密在著名的别针生产描述中，指出劳动分工支持了技术或者理性程序在劳动中的运用，扩大了生产性组织和市场的规模，并导致了管理等级的出现，认为组织的出现是与不断提高的生产力和人们对高效率的追求密切相关的，“劳动分工是组织存在的基础，甚至是组织产生的理由”。

威廉姆森比较了组织条件下交易成本的节约。所谓交易成本，即交易双方达成商品和服务交换协议而产生的成本。这些成本包括获取信息的费用、议定协约的费用、控制协约的费用以及解决纠纷的费用等。交易成本理论将组织的起源解释为，组织是人们在不确定状况下支持决策和在有限交换状况下压制机会主义的手段。

代理理论则从降低委托风险的角度来解释为执行协作而存在的等级结构是如何产生的，为了降低委托代理过程中的信息不对称而带来的风险，必须设计一种激励系统，这样代理方就会通过他们服从委托方利益的程度而获得奖赏，如何以最低的成本建构有效的控制和激励系统，需要不同风险分担模式的各种工作状况要求不同类型的合同。但是，总的来说，从代理理论的角度看，组织的出现是为了支持和维持复杂的协作系统。

除此以外，对组织起源的另一个解释是组织在处理信息流动方面的卓越能力。贝孚拉丝通过对通信结构的考察，指出了组织结构在信息传递方面的效用，“集中的结构便于更加迅速地组织起来解决问题”。

总体来讲，组织，这样一种人类协作方式的出现，从效用的角度可以概括为：是为了协调和控制复杂的管理和技术工作，以及满足交易不断增加的需求。

1.2 组织和公司

通过上面的探讨，可以得出组织的定义。组织就是存在于特定社会环境中，由人群构成的，为了达到共同目标，通过责权分配和层次结构所构成的一个完整的有机体。

组织的概念包括以下含义：

- 所有的组织都存在于特定的社会环境之中，组织的形态、功能、结构、管理活动都将受到环境的影响，有时是决定性的影响。
- 人是组织的主体，人群中存在着复杂的人际关系，存在着分工与合作，正是这些关系使得组织能够在运行中保持较高的效率。
- 任何组织都有一定的目标。不管这个目标是明确的，还是隐含的，目标是组织存在的前提。
- 组织要有不同的权力层次的责任制度。这是由分工而要求的，权力和责任是达成组织目标的必要保证。
- 组织是一个有生命力的有机体，组织会成长、发展、衰落、消亡，组织管理效能、环境压力强弱，对组织的生存和发展影响重大。

公司是组织中最为普遍的一种形式。公司是一种经济组织，以赢利为目的，这使它区别于国家、军队、NGO(Non-Government Organization，非政府组织)等组织。在我国，公司是指依照法定的条件与程序设立的、以赢利为目的的，具有独立法人资格的组织。根据我国《公司法》的规定，包括有限责任公司和股份有限公司两种类型。

中国核工业集团公司(CNNC)是经国务院批准组建的特大型国有独资公司，是有限责任公司中一种特殊的形式，即国有独资公司，其前身是二机部、核工业部、中国核工业总公司，由100多家企事业单位和科研院所组成，主要承担核军工、核电、核燃料、核应用技术等领域的科研开发、建设和生产经营，以及对外经济合作和进出口业务。

1.3 组织中的行为

组织为了实现自己的目标，必须建立自己的规范，以规范指导人的行为，以实现组织的目标。规范(specification)是指群体所确立的行为标准。人是组织的主体，人的行为必然受到这种行为标准的约束。

1.3.1 什么是行为

走路是行为，打球、游泳是行为，工作也是行为。这是一种狭义的行为概念，仅指个体的外显动作，这些动作可经由别人的感官直接观察得知，或借助仪器等技术手段记录下来，加以分析研究处理。在组织行为学的研究中，行为的概念更广。人的行为(behavior)，一般是指人的有意识、有目的的社会活动，是人与环境相互作用的产物和表现。从广义上讲，人的行为是一定的原因所引起，指向一定目标并促成一定效果的活动。广义的行为除了外显的动作外，还包括人的心理、生理、思维等内在的要素，如动机、意识、信念、价值观等，这些都是外显行为的内在驱动力(drive)，具有决定行为的可能性和趋向。行为离不开人这个主体，也离不开外在的环境刺激。

除个体行为外，还包括群体行为和组织行为。行为的主体是个人，那就是个体行为；行为的主体是部门、科室等，那就是群体行为；行为的主体是政府、公司、学校等，那就是组织行为。本课程的体系也将按照这个分类进行设计。

了解了行为，就可以预测行为，进而控制行为，最后实现目标，这是多么美好的想法啊。然而可惜的是，行为的主体是人，人类行为不像低等动物的反射行为，只要知道有机体所遭遇的刺激，便可以预测哪种行为可能发生。人类的行为更具复杂性，足以影响行为的决定因素，如学习、认知、态度、动机和价值观等变数很多，所以要预测人类的行为，比预测低级动物困难得多。

不过，现在人们已经可以从多方面的因素来了解人类的行为，并掌握其规律。这便是人类行为的共同特征。

1.3.2　行为的特征

研究发现，人类行为通常具有如下共同特征。

(1) 人类行为是学习的

支配人类行为发展的因素，除遗传与环境外，还受成熟与学习两个因素的影响。人类有些行为无须任何学习即会出现。人类本能的行为，多半受个体成熟因素的支配，而社会性的行为则多受学习因素的影响。

个体初生时，大多是反射性行为方式，如呼吸反应、吸吮反应等。随着年龄的增长，学习因素日益重要，而成熟的影响则相对减低。此种现象，在人类行为发展过程中尤为显著。由于人类的行为复杂多变，其可塑性远超过成熟因素所能影响的范围。如幼儿的语言发展，其初期固然受发音器官与脑神经中枢成熟的影响，但此后的语言，几乎全靠长期的学习。除语言之外，各种知识、技能、习惯、态度、性格、情感等，无不经过学习的历程。

学习是社会化的基础，通过学习形成个体的行为与人格结构。所有人类的行为或多或少均符合社会所认同的模式。这些模式对于同一社会的成员产生同一的情感，因为这些行为模式是经过很长时间的学习，从孩提时期直至成人而内化成为每个人思想的一部分。

运用学习理论可训练培养良好的行为，增进其知识，启发其思想，熟练其技能，强健其体魄，充实其经验，养成其习惯，形成其态度，陶冶其情趣，培养其理想等。人类学习的过程是艰巨而深刻的，一旦学习后，则极不易变更。人类经学习而建立的行为中，以思考与创造为最高的行为，这两种行为也是人类异于其他动物的最大特征。

(2) 人类行为是社会性的

人类必须经历社会的生活，才能维持其生物个体的存在。人类的行为都经过社会化的历程而建立，而社会也借社会化的过程规范个人的行为，使之成为社会所认可的模式。

个体在社会化的过程中，其行为表现为以下现象：

情绪的成熟。随着社会化过程，逐渐会有节制情绪的表现。

群性的发展。幼儿唯我中心的生理特性，必须经由学习才能与别人维持良好的关系，增进社会人际关系。

认识能力的增进。个体生存在社会中，必须学习该社会的文化，认清现实环境，并发展适当的经验，才能适应社会而生存。

行为渐趋合理化。依生理本能需要而行动的特征，不一定能符合人类既有的社会规范，所以通过家庭、学校等，将社会和文化规范加压到幼童身上，使行为符合社会规范和期待。

成就动机的培养。在社会化过程中，必须培养适当的社会动机，使其符合社会生存及有意义的生活，这种动机就是社会的成就动机。

"自我"观念的发展。"自我"是个体对自身的认知，包括自我认同、自我评价、自我扩张及自我实现的心理活动。"自我"不是先天遗传的，而是从后天的环境、教育中学得的。在社会化过程中，"自我"的发展促使个体人格行为实现其理想，这也是人类行为有别于动物的特征之一。

（3）人类行为是理性与情绪的

人类借着认知、思考、推理及创造能力使行为发展符合社会行为，这种行为的表现便是人类的理性行为。人类的本能行为受社会化过程的制约而使其行为表现合乎理性。另外，人类行为也是情绪的行为。在人类所有活动中，都带有情绪的因素，个体表现出来的积极情绪包括毅力、热情、忠诚等；个体表现出来的消极情绪包括丧志、忧愁、恐惧等。

（4）人类行为是互动的

人类不能离群索居，必须与他人及团体共同生活，因此互动是必然发生的。所谓互动，是指一个人的言语行动等反应能构成对另一个人言语行动的刺激，并且彼此反复不已。在人类的社会生活中，处处关系到人际互动问题，如人类的成就、个体的特性、生活的幸福或痛苦、各种关系的结合和维持等，都与人际互动有关，所以互动具有深刻的社会意义和心理意义。

人类的生活规范也是从互动关系中发展出来的。没有一个个体的成长不涉及团体，也没有一个团体的成长不涉及个体。社会是由个体组成的，有健全的个体，才能有健全的社会；而要有健全的个体，必须经过教育性的社会互动来加以培养。

综上所述，人类的行为是学习的、社会性的、理性与情绪的、互动的。管理者了解人类行为特征，对其管理工作的实施将有莫大的裨益。被管理者了解人类行为特征，对其自觉地适应组织规范，加强自我管理，同样具有莫大的裨益。

1.3.3 影响个体行为的因素

任何事物的运动都有其内部原因和外部原因，人的行为也不例外。影响人的行为的因素很多，可以从内、外两个方面去寻找原因，见图 1-3-1。

1.4 行为管理

行为管理是专门研究人在组织或社会管理活动中的行为及其规律的学问，以组织中的个体、群体、领导、组织的行为及其规律为研究对象。

就管理者而言，管理者对组织内员工行为的管理，首先要了解影响员工行为的各种因素，不但要对个体行为的各种现象，如动机行为、认知行为、学习行为、情绪行为、态度等各种内蕴行为加以研究，同时对多数人活动的团体行为，如人际关系、意见沟通、团队士气、团体压力、团体的冲突等也要了解。除此之外，还需对组织行为的研究，包括组织结构、组织发展、组织变革等进行研究。其次，管理者需要知道如何去做，即扮演领导角色，通过诸如领导

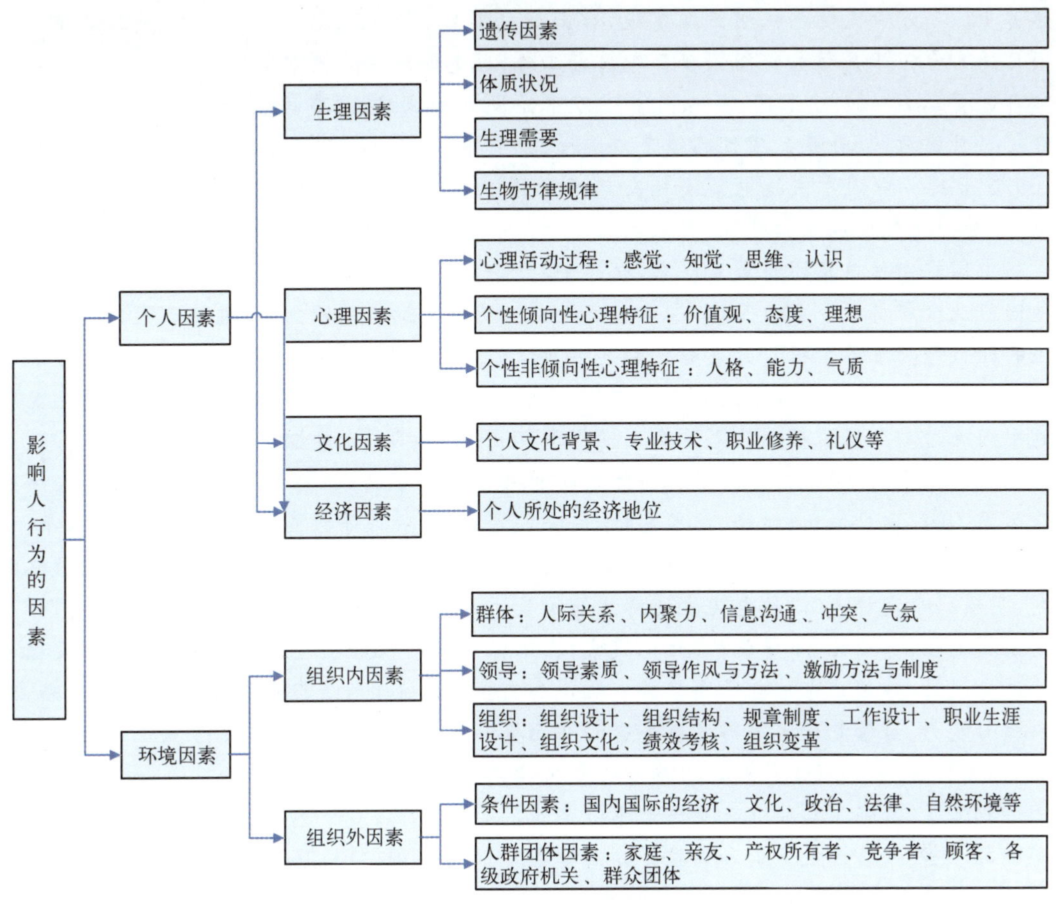

图 1-3-1　影响个体行为的因素

行为、激励行为、授权行为、决策行为、沟通行为、协调行为等管理行为去提高组织的绩效，完成组织的目标。

对于一个刚参加工作的新人，如何尽快地社会化，融入企业，养成符合企业所要求的行为规范，是我们必须要考虑的事。这也需要我们了解什么东西影响我们的行为，什么措施在规范我们的行为，企业需要什么样的行为规范，从而努力使我们的行为符合组织的期望，为组织创造价值的同时也实现自身的价值。

【案例讨论】

这是个什么样的组织

中国广东核电集团有限公司是我国唯一以核电为主业、由国务院国有资产监督管理委员会监管的清洁能源企业。1994 年 9 月注册成立，注册资本 102 亿元人民币。中国广东核电集团是由核心企业——中国广东核电集团有限公司和 20 多家主要成员公司组成的国家特大型企业集团。

截至 2009 年 9 月底，中国广东核电集团拥有大亚湾核电站和岭澳核电站一期近 400 万千瓦的在运行核电机组，岭澳核电站二期、辽宁红沿河核电站、福建宁德核电站、阳江核电站超过 1 700 万千瓦核电机组正在建设，台山核电项目、广西防城港核电项目、湖北咸宁核电项目约 800 万千瓦核电机组正在开展前期工作；风电实现总装机容量超过 100 万千瓦，在建项目容量达到 150 万千瓦，参与国家千万千瓦风电基地建设；我国首个光伏发电特许权项目——甘肃敦煌 10 兆瓦项目已经开工建设；拥有常规电力权益容量 120 万千瓦，在建项目 100 万千瓦。中国广东核电集团拥有总资产约 1 298 亿元人民币，净资产约 413 亿元人民币，净资产是集团成立初期 32.4 亿元的 10 倍多，有效地实现了国有资产的保值增值。

中国广东核电集团自成立以来，始终坚持"安全第一，质量第一，追求卓越"的方针，以打造同行业金牌栋梁企业为目标，在成功建设大亚湾核电站的基础上，通过将已投产核电站产生的效益作为资本金投入开发新的核电项目，形成了"以核养核，滚动发展"的良性循环机制；以从法国引进的百万千瓦核电机组为基础、结合多项重大技术改进形成了具有自主品牌的中国改进型压水堆核电技术方案——CPR1000；培养了一支专业化的核电站运营管理、工程管理和技术研发队伍；建立了与国际接轨的核电生产运行、工程建设、科技研发和人才培养体系，在核电站运行、维修、技术支持、安全监督、质量管理等方面达到了世界先进水平。

近年来，为适应国家"积极推进核电建设"的要求，中国广东核电集团修订了集团战略规划，明确战略定位为"以核电为主的清洁能源集团，为社会提供安全、环保、经济的电力"。确定了自主化、专业化、市场化、国际化战略，在确保已运行机组安全生产、在建工程建设稳步推进的同时，中国广东核电集团坚持专业化和自主化发展，不断推进组织管理体系创新，加快核心能力、经营管理水平与发展平台的全面提升，先后成立了国内首家专业化的核电运营管理、工程管理、工程设计和公用技术研究机构；完善了以核电学院为龙头的专业化核电人才培养体系；加强了与核电产业链上下游企业的企业联盟，成立了专业化的风电公司、太阳能公司，在技术、人才、资金和管理等方面具备了面向全国、跨地区、多基地同时开工建设和运营管理多个核电等清洁能源项目的能力。

资料来源：中国广东核电集团网站 www.cgnpc.com.cn

【问题】

1. 这是个什么类型的组织？

2. 这个组织会对员工设置什么样的行为规范？

3. 这个组织会用什么方法去引导员工遵从这样的规范？

第二章　个体行为

2.1　个体行为的基础

“龙生九子，子子不同”，世上没有相同的两片树叶，也没有相同的两个人。人的个体之间存在差异，这种现象就是个体差异。个体行为上的差异主要表现在能力、传记特点和人格上。

2.1.1　能力

无论你有多强烈的动机，付出怎样艰辛的努力，似乎也不太可能与梅兰芳表演得一样出色，像刘翔一样跨栏如飞。事实上，很多人在能力的正态分布曲线偏离了中间位置。虽然在能力方面的不平等并不意味着一些人先天低劣于另一些人。但应该承认的是，每个人在能力方面都有自己的强项和弱项，这使得一个人在从事某一工作或活动时，相比其他人来说，既有有利的一面又有不利的一面。

从管理的角度来看，我们所关心的问题不是了解人们在能力方面是否存在着差异，因为这是不言而喻的；我们关心的问题在于了解人们的能力具有哪些方面的不同，并运用这一知识尽可能使员工更好地从事工作。

能力一词到底是什么意思？在我们的术语中，能力(ability)反映了个体在某一工作中完成各种任务的可能性。这是对个体能够做什么的一种现时的评估。一个人的总体能力可以分为两大类：心理能力和体质能力。

(1) 心理能力

心理能力(intellectual ability)，即从事心理活动所需要的能力。智商测验就是用于确定个人总体的心理能力。一般认为，在心理能力中包括7个维度，即算术、言语理解、知觉速度、归纳推理、演绎推理、空间视知觉以及记忆力。如表2-1-1所示。

表2-1-1　心理能力的7个维度

维　度	描　述
算术	快速而准确的运算能力
言语理解	理解读到和听到的内容，理解词汇之间关系的能力
知觉速度	迅速而准确的辨认视觉上差异的能力
归纳推理	确定一个问题的逻辑后果，以及解决这个问题的能力
演绎推理	运用逻辑来判断某种观点价值的能力
空间视知觉	当物体的空间位置变化时，能想象出物体形状的能力
记忆力	保持和回忆过去经历的能力

不同的工作要求员工具有不同的心理能力。对于需要进行信息加工的工作来说，较高的总体智力水平和言语能力是成功完成工作的必要保证。当然，高智商并不是所有工作的前提条件。事实上，在很多工作中，要求员工的行为十分规范，很少有机会需要他们表现出差异。此时，高智商与工作绩效可以说是无关的。然而，一项很严谨的综述报告指出，无论什么水平的工作，在言语、算术、空间和知觉能力方面的测验分数，都是工作熟练性的有效预测指标。因此，可以测量具体维度的智力测验对预测工作绩效是十分重要的。

(2) 体质能力

体质能力(physical ability)是指工作中对身体所需要的能力，包括力量、灵活性、协调性、平衡性、耐力等。对于那些技能要求较少而规范化程度要求较高的工作，体质能力对于工作的成功则显得十分重要。如一些工作要求耐力、手指灵活性、腿部力量以及其他相关能力，因而需要在管理中确定员工的体质能力水平。

研究人员对上百种不同的工作要求进行了调查，最后确定在体力活动的工作方面包括9种基本能力。如表2-1-2所示。

表2-1-2 体质能力包括的9种基本能力

力量因素	动力力量	不断重复或持续运用肌肉的能力
	躯干力量	运用躯干部肌肉，以达到一定肌肉强度的能力
	静态力量	产生力量阻止外部物体的能力
	爆发力	在一项或一系列爆发活动中产生最大能量的能力
灵活因素	广度灵活性	尽可能远地移动躯干和背部肌肉的能力
	动力灵活性	进行快速、重复的关节活动的能力
其他因素	躯体协调性	躯体不同部位进行同时活动时相互协调的能力
	平衡性	受到外力推拉时，依然保持躯体平衡的能力
	耐力	当需要延长努力时间时，持续保持最高努力水平的能力

(3) 能力与工作的匹配

不同工作对个体的能力要求不同，招聘一个核反应堆操作员和一个汽车推销员，在能力的要求上就明显不同。当能力与工作相匹配时，员工的工作绩效便会提高。

飞行员需要有很强的空间视知觉能力，当有这样能力的人和飞行员这样的工作结合时，才会产生高工作绩效。因此，仅仅关心员工的能力或仅仅关心工作本身对能力的要求都是不够的，高工作绩效取决于两者之间的相互作用。

当这种匹配不良时，就会出现两种状况。一种是员工缺乏必需的能力，那么他常常会在工作中失利；另一种是当员工的能力远远超过了工作要求时，工作绩效可能不会存在问题，但会使员工的满意度降低。大材小用时，即便员工渴望施展自己的能力，也会因工作的局限性而灰心丧气。

2.1.2 传记特点

个人传记特点(biographical characteristics)是从员工的人事档案中就可以直接得到的

因素。如年龄、性别、任职时间、婚姻状况、抚养人数等，这些因素对生产率、缺勤率、流动性、工作满意度的影响已得到很多的研究。

(1) 年龄

年龄对生产率有何影响？普遍的看法是，随着年龄的增长，生产率不断下降。很多人认为个体的技能，尤其在速度、力量、敏捷性和协调性方面，随着时间的推移而不断衰退。另外，一种工作干的时间过长产生的厌倦感和缺乏刺激也同样影响了生产率。然而，研究所得到的证据却与这种普遍的看法相反。近期，一份研究综述揭示，年龄与工作绩效是不相关的。而且，对于几乎所有类型的工作（不管是专业技能的还是非专业技能的工作）来说，这一结论均是可靠的。绝大多数的工作（即使是那些要求重体力劳动的工作），所需要的身体技能不会随年龄的增长而急剧下降，从而造成对生产率的影响。在这些方面有可能会出现一定程度的衰退，但可以因工作经验而得到弥补。

年龄越大，越不愿意离开现在的工作岗位。这是年龄与流动率的结论，符合人的社会观察。同时研究发现，年龄和缺勤率之间的关系受到缺勤原因的影响。将年缺勤分为可以避免和不可避免两种，年龄大的员工在可以避免的缺勤方面低于年轻员工，但在不可避免的缺勤率方面相对较高。

(2) 性别

有充分的研究证据表明，男性与女性之间无明显差异影响到工作绩效。如男女在问题解决能力、分析技能、竞争驱力、动机、社会交往能力及学习能力方面都未表现出明显差异。虽然不少心理学研究发现女性更乐于遵从权威，而男性更具有进取心和更高的成功预期，但这些差异均是不够显著的。尤其在近 30 年里，女性参与工作的比例不断增加，这方面的情况也发生了相当显著的变化。因此，有理由认为女性与男性之间在工作生产率方面没有显著差异。同样，也没有证据表明员工的性别影响到工作的满意度。

(3) 任职时间

大量研究探讨了任职时间与生产率之间的关系。虽然过去的工作业绩可能与获得新职位有关，但任职时间本身并不是生产率的一个很好的预测指标。换句话说，如果其他各项因素同等，则没有理由认为在工作中资历长的员工会比资历短的员工生产率更高。

有关任职时间与缺勤率关系的研究结果十分明确，任职时间与缺勤率之间成负相关。事实上，对于缺勤率和工作中缺勤的总天数来说，任职时间是唯一一项最重要的解释变量。

同样，任职时间也是解释流动率的一项有效变量。研究常常发现任职时间与流动率之间成负相关，而且是流动率的一项最好的预测指标。另外，众多研究者认为，过去行为是未来行为最好的预测指标，有证据表明员工在过去工作中的任职时间是未来工作流动率的最有力的预测指标。

最后，任职时间与满意度成正相关。事实上，当年龄与任职时间分别对待时，任职时间对工作满意度的预测比生理年龄更为稳定而一致。

2.1.3　人格

这里所说的人格，并不是指人的道德品质，如这是个有高尚人格的人。心理学家谈论人格时，指的是个体整个心理系统成长和发展的动力概念，它不是把人格看成多个不同的部分，而是把人格看成一个综合的整体。

对于人格，使用最频繁的定义是奥尔波特(Gordon Allport)于 1937 年提出的。他认为人格是“个体内部身心系统的动力组织，它决定了个体对环境独特的调节方式”。从管理的角度上说，人格(personality)是个体所有的反应方式和与他人交往方式的总和。它常常被称为一个人所拥有的可测量的人格特质。

(1) 人格的特征和对行为的影响

人格是代表一个人的一系列相对稳定的独一无二的特征、特质和行为的一致性模式。这个独特模式包含了一个人区别于他人的稳定而统一的心理品质。它反映了人格的多种本质特征。

1) 独特性：“人心不同，各如其面”，这句俗语为人格的独特性作了最好的诠释。一个人的人格是在遗传、成熟、环境、教育等先天后天因素的交互作用下形成的。不同的遗传、生存及教育环境，形成了各自独特的心理特点。例如，“固执性”这一人格特征，在不同人身上赋予了它不同的含义。作为娇生惯养、过度溺爱的结果，这种固执性带有“撒娇”的含义；而在冷淡疏离、艰难困苦的环境下形成起来的固执性，则带有“反抗”的含义。这种独特性说明了人格的千差万别，千姿百态。

2) 稳定性：俗话说：“江山易改，禀性难移。”一个人的某种人格特点一旦形成，就相对稳定下来了，要想改变它，是较为困难的事情。这种稳定性还表现在人格特征在不同时空下表现出一致性的特点。例如，一位性格内向的大学生，他不仅在陌生人面前缄默不语，在老师面前少言寡语，而且在参与学生活动时也沉默寡言，甚至毕业几年后同学聚会时还是如此。

3) 统合性：人格是由多种成分构成的一个有机整体，具有内在的一致性，受自我意识的调控。当一个人的人格结构的各方面彼此和谐一致时，就会呈现出健康人格特征；否则，就会使人发生心理冲突，产生各种生活适应困难，甚至出现“分裂人格”。

4) 复杂性：鲁迅曾说：“横眉冷对千夫指，俯首甘为孺子牛”。这句话说明了人的复杂，人的行为表现出多元化、多层面的特征。人格表现绝非静水一潭，各种人格结构的组合千变万化，而使人格的表现千姿百态。每个人的人格世界，并非是由各种特征简单堆积起来的，而是如同宇宙世界一样，依照一定的内容、秩序、规则有机结合起来的一个运动系统。

5) 功能性：古希腊哲人赫拉克利特说：“一个人的性格就是他的命运”。人格是一个人生活成败、喜怒哀乐的根源。人格决定一个人的生活方式，甚至有时会决定一个人的命运。人们经常会使用人格特征来解释某人的言行及事件的原因。面对挫折与失败，坚强者发奋拼搏，懦弱者一蹶不振。面对悲痛，一些人可以将悲痛化为力量，而另一些人则表现为消沉。当人格具有功能性时，表现为健康而有力，支配着一个人的生活与成败；而当人格功能失调时，就会表现出软弱、无力、失控，甚至变态。

人格对个体行为的影响，首先，是表现在对个体的工作活动、群体人际关系的影响，这对于个体在组织中的成就表现，是至关重要的；其次，人格对个体行为的影响，也表现在个体的行为方向的主观努力选择，以及在行为过程中克服困难、忍受挫折的意志品质上。

(2) 人格的决定因素

一个人的人格形成和发展往往受内在和外在的多种因素影响。

1) 遗传因素

所谓遗传，是指上一代染色体中包含的遗传性状传给下一代的现象。在日常生活中，人们会发现，子女与父母之间往往不只是容貌、体形相似，而且性格、智力、兴趣也有某些相似之处。这主要受遗传的影响，遗传不仅在身体外形方面表现出某种相似之处，而且由于子女在父母言传身教的影响下，他们会经常观察和模仿家长的行为，这样在子女身上会逐步表现出父母身上的某些人格特征。在现实生活中，人们容易看到，一些家庭为音乐世家、文学世家、教师世家；一些家庭几代人在性格、信仰、能力方面有很多相似之处。这很能说明遗传因素、相同的生活环境、政治文化背景对下一代人格形成的影响。

身体因素主要指一个人的外表和身体的机能对人格的影响。人的容貌、体形的好坏对人格会产生直接影响。身体外部条件比较好的人容易产生愉快、满足之感，这种自豪感容易使人产生积极向上的人格。反之，身体外部条件不好的人，容易形成一种心理压力，产生一种自卑感，这种自卑感时间一长也容易使人产生一种消极的人格。

同样，人的身体的某一个或多个机能障碍，如神经系统、心血管系统、内分泌系统有残疾，也可能引起人格的变化，如思想压抑、情绪呆板、行动迟缓等。

无论是遗传还是身体方面的因素，如果对一个人的人格产生了消极影响，个人和师长都应进行积极的努力和引导，以使其人格向积极、健康的方向发展。

2）环境因素

环境因素主要指家庭、学校和社会对一个人人格形成的影响。

家庭因素对人格的影响，是指家庭的经济与政治地位、父母的文化素养和言行、家庭成员之间的关系等，这些因素对一个人的人格的形成和发展有重大影响。俗话说："父母是孩子的第一任老师"、"有其父必有其子"，就形象地说明了家庭因素对人格的影响。

中学阶段是青少年人格形成的重要时期。学校的文化知识、思想品质、行为规范的教育对学生良好人格的培养都有至关重要的影响，这些影响主要来自课堂教学、课外活动、班集体的风貌、师生关系与同学关系等。一个优秀的班主任和一个良好的班集体，对学生良好人格的培养起着直接的和潜移默化的作用，不同的班主任和班集体所培养出来的学生的人格往往就会有很大差别，并且对一个学生的一生都会有影响，因此选拔好班主任、建立好的班集体在学校工作中显得尤为重要。

社会和社会实践对一个人的人格培养和发展的作用也不容忽视，而且可以说是最终决定一个人的人格的形成。当一个人从家庭、学校最终走上社会后，为了适应日益扩大的生活领域和人际交往，在反复学习担当各种新角色、新工作应有的行为方式和对事物的态度的同时，形成和改变着某些人格特征。

职业的种类、劳动报酬、荣誉、与领导和同事的关系都会对人格的变化起着重要作用。如人际关系的协调、领导的信任、事业的得心应手，都会使自己的才能得到充分的发挥，情绪饱满，容易显示出积极、主动、活泼、热情人格。

职业的不同也直接影响人的人格，如教师热情、冷静、有口才、思维敏锐、有条理；文艺工作者活泼、开朗、情感丰富、富有创造性等。

除了上述这些因素以外，年龄也会对一个人的人格产生影响，不同的年龄段，人格都会有明显的区别，这与人的思想发展、知识面扩大、经验的丰富有关。

总之，一个人的人格是在各种内外因素的影响下形成和发展变化的。

（3）人格理论

人格理论是在人们对人格现象进行研究的基础上，为更好地理解人格的实质与其发展过程，总结提炼的理论观点，它们通常综合性地概括了个体的人格结构、功能、改变的性质，以及反映了人格与外在的行为关系的内容。

【扩展阅读】

几种主要的人格理论

1）人格的特质理论

对于人格的最初的研究，是以特质理论观点开始的。特质理论也是影响现代对人格研究的最主要理论思想之一。一般来说，特质的观点比较忽视情境对人格的直接影响作用，而更强调人格特征的稳定性和跨越情境的一致性特点。

卡特尔是比较早期的强调人格特质观点的学者。另一个有非常重要影响力的特质理论，是英国的心理学家艾森克提出的。

2）人格的类型理论

对人格的类型理论贡献较大的人，当推荣格。其实，在艾森克的观点中，已经提到类型的概念，所以，艾森克的理论也可以被看做是一种介于特质与类型之间的一种观点。

3）人格的成熟—发展理论

在成熟—发展的观点中，更多地反映了环境因素对人格的影响。事实上，成熟—发展观点也是包括两种对人格的不同的认识的，虽然都是反映人格的变化性，但倾向成熟的观点，是将个体内在的成熟作为人格发展的动力；而突出发展的观点，则是把外在环境，特别是社会学习，看做是人格发展的动力。

以精神分析为代表的一派观点，是比较强调个体的内在发展动力的。典型的代表人物像弗洛依德提出的心理动力论，强调人的人格是一个整体，在这个整体之内，各种成分之间又包含着彼此关联，相互作用的关系。弗洛依德将人格的成分分为本我（或无意识）、自我（或潜意识）和超我（或有意识）三个部分，他认为，这三方面的相互作用产生内在动力，并支配个体的所有行为。

4）社会学习论

在社会学习观点中，更强调环境对个体行为与人格的决定作用，并认为个体是通过学习环境中的事物，来形成自己的行为模式。同时，个体的行为也对环境产生一定的影响。

任何一个人格理论对于一个组织有没有实际应用价值，主要看它能否说明、预防和控制个人的行为和绩效。实践证明，人格对于人的工作成就、健康状况和管理水平都有重大的影响作用。我们应当正确地运用人格理论，来提高工作成就、健康水平和管理水平。为了在工作中取得更大的成就，必须人尽其才，在实践中不断培养和改造自己的人格性格。

（4）人格与工作的匹配

对人格结构研究的早期工作主要是试图确定和目标一些持久稳定的特点，用于描述个体行为。这些特点包括害羞、进取心、顺从、懒惰、忠诚、畏缩等，当一个人在不同情境下均表现出这些特点时，称其为人格特质（personality traits）。

研究发现，有16种特质是个体行为稳定而持久的原因，见表2-1-3。通过权衡这些人格特质与情境的关系，可以预测在具体情境中个人的行为。

人格特质如何与工作要求的协调一致？心理学家 John Holland 提出人格-工作匹配理论（Holland's Personality-job Fit Theory）。按照这一理论，员工的工作满意度与流动倾向性，取决于个体的人格特点与职业环境的匹配程度。还划分了 6 种基本的人格类型，每种都有相应的职业与工作环境。

这 6 种人格类型中的每一种都有与其相适应的工作环境，表 2-1-4 中对 6 种类型进行了分别描绘，列举了它们的人格特点以及与之匹配的职业范例。

当人格和职业相匹配时，会产生最高的满意度和最低的流动率。社会型的个体应该从事社会型的工作，社会型的工作对现实型的人则可能不合适。这一模型的关键在于：(1)个体之间在人格方面存在着本质差异；(2)个体具有不同的类型；(3)当工作环境与人格类型协调一致时，会产生更高的工作满意度和更低的离职可能性。

表 2-1-3　16 种人格特质

1. 孤独	对应	外向
2. 迟钝	对应	聪慧
3. 情绪激动	对应	稳定
4. 顺从	对应	支配
5. 严肃	对应	乐天
6. 敷衍	对应	谨慎负责
7. 胆怯	对应	冒险
8. 理智	对应	敏感
9. 信赖	对应	怀疑
10. 现实	对应	幻想
11. 直率	对应	世故
12. 自信	对应	忧虑
13. 保守	对应	激进
14. 随群	对应	自立
15. 不拘小节	对应	自律严谨
16. 平和	对应	紧张困扰

表 2-1-4　John Holland 的人格类型与匹配职业

类　型	人格特点	职业范例
现实型：需要技能、力量、协调性的体力劳动	害羞、真诚、持久、稳定、顺从、实际	机械师、装配线工人、农场主
研究型：需要思考、组织、理解的活动	分析、好奇、创造、独立	生物学家、经济学家、数学家、新闻记者
社会型：能够帮助和提高别人的活动	社会、友好、合作、理解	社会工作者、教师、议员、临床心理学家
传统型：偏好规范、有序、清楚明确的活动	顺从、高效、实际、缺乏想象力、缺乏灵活性	会计、业务经理、银行出纳员、档案管理员
企业型：能够影响他人和获得权力的言语活动	自信、进取、精力充沛、盛气凌人	法官、房地产经纪人、公共关系、专家、小企业主
艺术型：需要创造性地表达的模糊而无规则可循的活动	富有想象力、无序、杂乱、理想、情绪化、不实际	画家、音乐家、作家、室内设计师

2.2 学 习

《三字经》

人之初，性本善。
性相近，习相远。
苟不教，性乃迁。
教之道，贵以专。

在1.3.2行为的特征中，我们知道，除了反射性行为外，几乎所有的复杂行为都是学得的。如果我们想解释和预测行为，就需要了解人们是如何学习的。

2.2.1 学习的定义

在中国，"学习"这一词，是"学"和"习"复合而组成的词。最先把这两个字连在一起讲的是孔子。孔子说："学而时习之，不亦说乎？"意思是，学了之后及时、经常地进行温习和实习，不是一件很愉快的事情吗？很明显，学习这一复合名词，就是出自孔子的这一名言。"学"是自学或有人教你学。"习"是巩固和实践知识、技能的行为。学习就是获得知识，形成技能，获得适应环境改变环境的能力的过程。实质上就是学、思、习、行的总称。

在这里，我们把学习(learning)定义为：学习是通过教授或体验而获得知识、技术、态度或价值的过程，从而导致的相对持久的行为改变。可以这样说，行为的变化表明了学习的发生，学习是行为的改变。

显然，上面的定义表明，我们无法看到任何人的学习。我们能够看到变化正在发生，但这并不是学习本身。学习是一个理论上的概念，因而无法直接观察到。

你可以看到人们处在学习的过程中，你可以看到人们由于学习的结果而以某种特定的方式行动，我们中的一些人(事实上我想是绝大部分人)是在生活的某些时候进行"学习"的。换句话说，如果一个人的行为、活动、反应这些作为经验的结果与过去的方式有所不同时，就意味着学习已经发生了。

麦吉(W. Mc Gehee)

在学习定义中，还有几个方面需要澄清。第一，学习包含着变化。从组织的角度来看，这一点有利有弊。人们可以学会好的行为，但也可以学会不好的行为，如持有偏见或限制自己的产量。第二，这种变化应该是相对持久的。暂时的变化可能仅仅是反射的结果，而不是学习的结果。因此，在学习方面需要把那些由于疲劳或暂时的适应性而导致的行为改变排除在外。第三，我们的定义关注的是行为，只有行为活动出现了变化，学习才会发生。如果个体仅仅在思维或态度上发生了变化，而行为未发生相应变化，则不能称为学习。第四，学习必须包含某种类型的经验。学习可以通过观察或直接经验得到，也可以通过间接经验得到(如通过阅读而获得)。这其中关键的问题依然在于：这种经验是否导致了相对持久的行为变化？如果回答"是"，我们可以说学习发生了。

2.2.2 学习理论

一个人如何学习？在这里我们提供3种理论来解释这一过程：经典条件反射理论、操作条件反射理论和社会学习理论。

（1）经典条件反射理论

在经典条件反射(classical conditioning)理论方面的大量研究是20世纪初俄国生理学家伊万·巴甫洛夫(Ivan Pavlov)进行的，他的研究主要是教会狗听到铃声后作出分泌唾液的反应。

当巴甫洛夫给狗一片肉时，狗的唾液分泌量明显增加。当他藏起这片肉而只摇铃时，狗不分泌唾液。然后，巴甫洛夫将肉和铃声结合在一起。每次狗得到食物之前都听到铃声，如此反复。于是狗听到铃声后就立即开始分泌唾液。此后，狗即使只听到铃声而没有得到食物时也会分泌唾液。事实上，狗已经学会了一种新的反应，即听到铃声分泌唾液。让我们重新回顾一下这个实验，并由此介绍一些经典条件反射中的关键概念。

食物是无条件刺激物，它必然会使狗作出某种方式的反应。只要无条件刺激物出现，这种反应就会发生(唾液量的明显增长)，因此这种反应称为无条件反应。铃声为人工刺激物，或称条件刺激物。它原本是中性的，当与食物(无条件刺激物)联系在一起之后，最终使得条件刺激物单独出现时也产生了这种反应，这就是条件反应。

运用这些概念，可以对经典条件反射进行概括。从根本上说，习得条件反射包括了建构条件刺激与无条件刺激之间的联系。将这种具有吸引力的刺激物与中性刺激物相结合，中性刺激物会变成条件刺激物，因而拥有无条件刺激物的性质。

在组织情境中，也能看到经典条件反射的事例。比如，在一家工厂中，每当总部高级执行官定期前来视察时，管理层总是把办公室收拾得窗明几净。这种做法已经保持了许多年了。最后，员工们只要一看到窗户擦得干干净净就会立刻表现出良好的精神风貌，即使有时这种清洁卫生与总部的视察无关。

经典条件反射是被动的。当某件事发生时，我们以某种特定的方式进行反应，它可以帮助我们解释一些简单的反射行为。然而，大多数行为，尤其是个体在组织中的复杂行为，都是主动出现的而不是被诱导出来的，它们是主动自觉的而不是被动反射的。比如，员工准时上班，遇到困难寻求上司的帮助，在没人监督时会游手好闲等行为。要想进一步了解这些行为是如何习得的，还应该学习操作条件反射的知识。

（2）操作条件反射理论

操作条件反射(operant conditioning)理论认为行为是其结果的函数。人们通过学习获得他们想要的东西而逃避他们不想要的东西。操作行为指的是主动或习得的行为，而不是反射或先天的行为。该行为结果是否得到强化影响着这一行为的重复倾向。也就是说，强化物强化了行为并增加了其重复的可能性。

操作条件反射的概念由哈佛大学心理学家斯金纳(B. F. Skinner)提出。斯金纳认为行为并不是由反射或先天决定的，而是后天习得的。他指出，在具体的行为之后创设令人满意的结果，会增加这种行为的频率。如果人们的行为得到了积极强化，则最有可能重复这种令人满足的行为。比如，如果奖励紧跟在恰当的反应之后，会最为有效。如果行为不被奖励或受到惩罚，则不太可能被重复。

你随处可见操作条件反射的例子。比如，你的教师会指出如果想得高分就必须对测验问题回答正确。一名想挣大钱的销售代理发现这取决于他在此领域中所创造的高销售额。当然，这种联系也能教会个体不按组织满意的行为方式工作。假设你的上司告诉你如果加班工作，在下一次绩效评估中你将会得到补偿。但是，当绩效评估时未给你任何补偿。当下次上司再请你加班时，你会怎样做？你很可能会拒绝！你的行为可以用操作条件反射来解释，如果一种行为未能得到积极强化，则该行为重复的可能性会降低。

(3) 社会学习理论

个体不仅通过直接经验进行学习，还通过观察或听取发生在他人身上的事情而学习。比如，我们通过观察榜样，如父母、教师、同伴、影视明星、上司等，而学会了很多东西。这种通过观察和直接经验两种途径进行学习的观点称为社会学习理论(social learning theory)。

社会学习理论是操作性条件反射的扩展，也就是说，它也认为行为是结果的函数，但它同时还承认了观察学习的存在以及在学习中知觉的重要性。人们根据自己对客观结果的感知和定义作出反应，而不是根据客观结果本身作出反应。

榜样的影响是社会学习理论的核心。人们发现榜样对个体的影响方面包括 4 个过程。在管理层对下属的培训中如果包括这些过程，就可以显著提高培训的效果。

- 注意过程：只有当人们认识并注意到榜样的重要特点时，才会向榜样学习。我们倾向于最受那些有吸引力、反复出现、我们认为重要或我们认为与自己相似的榜样的影响。
- 保持过程：榜样的影响取决于当榜样不再真正出现时，个体对榜样活动的记忆程度。
- 动力复制过程：个体通过观察榜样而看到一种新行为之后，观察必须要转化成行为。这一过程表明个体能够执行榜样活动。
- 强化过程：如果提供了积极的诱因或奖励，将会激发个体从事榜样行为。人们对被强化的行为将会给予更多的注意，学习得的更好，表现得更频繁。

2.2.3 塑造行为

学习不仅发生于工作之前，还发生于工作之中，因而管理者应该注重如何教导员工，使他们的行为对组织有利。管理者常常通过逐步指导个体学习的方式来塑造个体，这一过程被称为塑造行为(shaping behavior)。

要注意，员工的行为与管理层的追求有很大的差距。如果管理层仅当个体表现出理想的反应时才强化个体，那么，几乎没有需要强化的机会。在这种情况下，行为塑造提供了一种获得所期望行为的可行做法。

行为塑造通过系统地强化每一连续步骤而使个体越来越趋近理想的反应。对于一名长期迟到半小时上班的员工，如果他此次上班迟到了 20 分钟，我们就应强化这种进步。当反应越来越接近所期望的行为时，强化也不断提高。

(1) 塑造行为的方法

行为塑造有 4 种方法：积极强化、消极强化、惩罚和忽视。当一种反应伴随着愉快事件时，称为积极强化(pasitive reinforcement)，如管理者表扬员工工作干得好。当一种反应伴随着终止或逃离不愉快事件时，称为消极强化(negative reinforcement)，如为避免老师提问问到自己，赶紧低头装作看笔记或装作很忙碌。为了减少不良行为而导致的不愉快情境，称为惩罚(punishment)，如员工迟到，被扣工资就是惩罚的一个例子。消除任何能够维持行为的强化物则称为忽视。当行为不被强化时，便倾向于逐渐消失。在上课时，如果教师不希望学生在课堂上提问，当学生举手要发言时，无视他们的存在。当举手行为得不到强化，这种行为便会消失。

积极强化和消极强化都导致了学习。他们强化了反应,增加了其重复的可能性。前面已指出,表扬增强了做好工作的行为,因为表扬是令人愉快的。而看上去很忙碌的行为增强了终止不愉快的行为结果。惩罚和忽视也导致了学习,但它们是削弱了行为,并减少了其发生的频率。无论是积极强化还是消极强化,作为行为塑造的工具都有其深刻的影响。因此,我们的兴趣在于强化而不是惩罚或忽视。一项有关强化对组织行为的影响的综述研究得出这样的结论:

· 一些强化类型对于行为的改变十分重要;
· 在组织中一些奖励类型比另一些类型效果更佳;
· 学习发生的速度及其效果的持久性取决于强化的时机。

其中,强化时机的选择,即进行强化的时间选择,是行为塑造过程的重点。

(2) 连续强化和间断强化

强化程序有两种主要类型:连续的和间断的。连续强化(continuous reinforcement)程序是指每一次理想行为出现时,都给予强化。比如,对于一个有不准时上班习惯的员工,每次他准时上班,主管都会表扬他这种好行为。而在间断强化程序中,并不是对每一次理想行为都给予强化。不过,为了保证行为能够重复,强化的次数也应是充分的。后一种程序可以拿老虎机的原理作比喻,在赌场中,即使人们知道不可能总有回报,他们仍然会继续赌下去,间断强化的付出只要能够使人们的投币行为得到重复就足够了。研究结果表明,与连续方式相比,个体在间断强化中倾向于更不愿意放弃活动。

间断强化(intermittent reinforcement)又分为比率强化和间歇强化。比率强化程序取决于被试作出反应的数量。当某一具体行为重复了一定次数后个体才可得到强化。间歇强化则取决于上次强化过后所经历的时间,个体在第一次恰当的行为之后要再经历一段时间才会得到强化。强化还可以划分为固定强化和可变强化两种。由此,用来实施奖酬的间断强化技术可以划分为 4 种类型,如表 2-2-1 所示。

表 2-2-1　强化程序

	时距	比率
固定	固定时距	固定比率
可变	可变时距	可变比率

如果每隔一定的固定时间给予一次强化,这种方式为固定时距程序(fixed-interval schedule)。这种类型的关键变量是时间,而且必须持续进行。在北美国家中,几乎所有工薪阶层员工都受到这种程序的强化。你会在每周、每月或其他预定的时间间隔基础上拿到工资,这种方式就是以固定时距的强化程序为基础进行的奖励。

如果奖励根据时间分配,但强化的时间却是不可预测的,这种方式称为可变时距程序(variable-interval schedule)。比如,教师在新课的开始就告诉大家这学期里将会有一系列随堂考试(具体的考试次数学生并不知道),这些测验的成绩占总分的 20%。这位教师所运用的就是可变时距强化。同样,总部审计部门对各公司进行的不加通知的随机视察也属于可变时距强化。

在固定比率程序(fixed-ratio schedule)强化中,当个体反应达到了一个固定数目后,便给予奖励。比如,计件付酬方式就是固定比率强化,员工在自己生产的产品件数基础上得到奖励。如果一个制衣工厂的工人每安装 12 根拉链可得 5 美元,则强化(在这一实例中是金钱)取决于衣服拉链的固定数目。每缝制12根拉链,这名工人就可得到5美元。

当奖励根据个体的行为发生变化时,这种方式称为可变比率程序(variable-ratio schedule)强化类型。代理销售商就是这种强化程序的例子。有时,对于潜在的用户,他们仅仅需要两个电话就能做成一笔买卖;有时,他们可能要打20次甚至更多的电话才能谈成一笔交易。这种奖励是变化不定的,因此,其奖励取决于销售商成功洽谈的数目。

连续强化程序容易导致过早的满足感,在这种程序下强化物一旦消失,行为倾向于迅速衰减。不过,连续强化方式适合于新出现的、不稳定的或低频率的反应。与之对照,间断强化程序不容易产生过早的满足感,因为它并不是每一次反应之后都强化,这种方式适合于稳定的或高频的反应。

总之,可变程序倾向于比固定程序导致更高的绩效水平。我们前面已经注意到,组织中的大多数员工以固定时距的强化方式得到报酬。但是这种方式并未清楚明确地表明绩效和奖励之间的清晰联系。奖励是根据工作中所花费的时间而不是具体的反应(工作绩效)而提供的。相反,可变时距方式会产生更高的反应概率和更稳定一致的行为,因为在这种方式里,绩效与奖励之间的相关性很高,而且其中包括首要不确定性的因素,由于这是一个出其不意的因素,员工们倾向于更为警觉。

(3) 行为矫正

组织行为矫正(organizational behavior modification)又称为“行为矫正”,是强化理论在管理实践中的应用,指的是采用有规律的、循序渐进的方式引导出所需要的行为并使之固化的过程。

从实际角度来说,当员工行为与管理者的要求和目标相差很大时,行为矫正是实现管理目标的重要手段。因为这时员工要作出合乎理想的行为很难,而如果只有满足标准才给予奖励,则奖励本身太渺茫,奖励很难奏效。进行行为矫正,即主动地、循序地引导所需要的行为,则可能成功达到目的。图2-2-1给出了组织行为矫正的5个主要步骤。

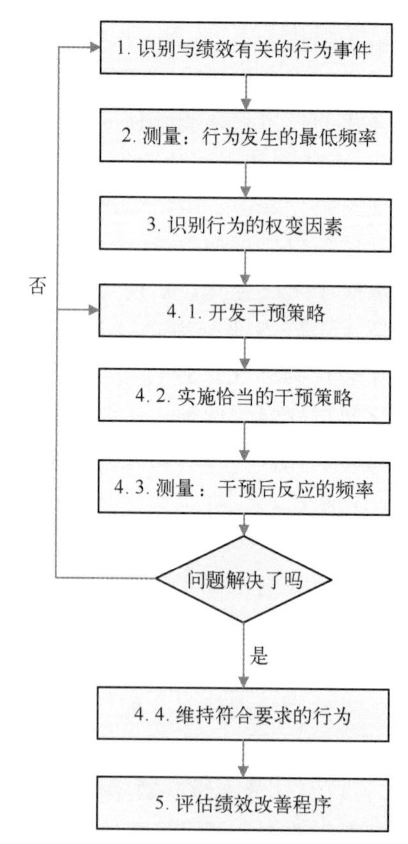

图2-2-1 组织行为矫正的5个主要步骤

1) 识别与绩效有关的行为事件。员工所做的不同的工作对现产的贡献或意义不同,因此,行为矫正法首先要确认出哪些行为对工作绩效有显著的影响。往往出现的情况是,关键行为虽然只占所有行为的5%~10%,但对绩效的贡献可能高达70%~80%。

2) 测量有关行为。管理者要确定绩效的基线水平,也就是要找到行为的基础效率水平。

3) 识别行为的权变或绩效结果。采用功能分析(functional analysis)法鉴别工作行为的各种情境因素,以便管理者了解出现各种行为的原因。

4) 拟定并执行一项策略性干预措施。为了强化必要的绩效和削弱不必要的行为,适当的策略是改变某些绩效(报酬的关联因素)结构、程序、技术、群体或任务,代之以奖励高水平的绩效形成高度正相关。

5) 评估绩效的情况。行为矫正在组织管理中有很大的应用价值。一个著名的案例是艾默瑞公司(Emery Air Freogjt,现在是联邦快递的一部分)进行的关于包装搬运工工作方式的研究。该公司出于经济考虑,希望工人尽量使用运输专用的金属箱。当管理人员询问工人搬运的货物中有多少是用金属箱的,工人的回答一律是 90%,但事实上比例仅有 45%。为了鼓励员工使用金属箱,管理层建立了一面反馈和积极强化方案。每个装运工接受指导并记录他每天的装运量,每天结束工作后由工人自行计算金属箱使用率;并据此发放奖励。结果,该制度实施的第一天,金属箱的使用率猛增到 90%,并一直保持该水平。据公司称,这项措施在 3 年为公司节省了 200 万美元。

其他许多组织、许多企业也结合自己的需要制定多种措施进行行为矫正,如以健康工资替代病假工资、发挥榜样作用、抽彩降低出勤率等。当然,以这种管理激励方法也有微词。有人认为组织行为矫正术有意操纵人的行为,减少人的自由意志,是不道德之举。同时,运用此方法达到目标之后能否持续作用,员工是否会觉得受刺激,不只是管理者促进其提高绩效的手段,而且确实是对他们的鼓励,答案也未可知。

(4) 自我管理

学习概念在组织中的应用并不仅仅局限于管理他人的行为,还可以用于个体对自己行为的管理,这就是自我管理。自我管理是使个体管理自己行为,从而减少外界管理控制的一种学习技术。

自我管理要求个体精细的操纵刺激物、内部过程和反应方式以实现个人的行为结果。其基本过程包括:观察自己的行为,将自己的行为与标准进行对比,当达到标准时进行自我奖励。

自我管理如何应用?比如,在美国,州政府的一群蓝领工人接受了为期 8 小时的自我管理技能的培训。在培训中首先指导他们对工作的出勤率设立具体的目标(包括短期目标和中期目标两种)。他们学会如何为自己书写行为契约并自己选择强化物。最后,他们认识到自己监控出勤行为的重要性以及当自己达到目标时对强化诱因的管理。这些参与者无一例外都在工作出勤率方面有明显提高。

2.2.4 系统化培训方法(SAT)

系统化培训方法(The Systematic Approach to Training,SAT 法)是国际原子能机构(International Atomic Energy Agency, IAEA)提倡并推广的一种程序性的培训方法,实际上系统化培训方法是系统型培训模式的发展和扩充。

系统化培训方法针对某个工作岗位提出从事该岗位工作的人员所具备的全面工作能力要求,通过编制和实施培训大纲,使人员达到该岗位所需的全面工作能力的要求,并对整个培训过程进行有效评价。SAT 培训方法实际上就是确保企业各种技术岗位人员能及时获得并保持与其工作相应的资格和工作能力及保证人员培训质量的综合性过程的管理方法。

(1) 系统化培训方法的特点

与其他培训方法不同的是,SAT 培训方法是一种旨在提高员工全面工作能力的全新的培训方法,它在世界范围内广泛应用,受到了普遍重视。其具有以下特点:

1) SAT 培训方法注重于岗位任务的分析。通过对每个岗位工作任务的分析，确定从事该岗位工作的人员所需要的工作能力，这些工作能力既是 SAT 培训所要达到的目标，也是对从事该岗位工作的人员能力和资格的考核标准。

2) SAT 培训方法扩展了工作能力的概念。它所指的工作能力既包括了一般培训方法所指的人员在技术方面的知识和技能，还包括了人际因素方面的知识、技能和态度。换句话，就是从事该岗位工作的人员为取得所应该具备的资格所必须具备的知识、技能和态度(KSA)。

3) SAT 培训方法是一个将培训目标和培训考核有机结合的动态过程。完成培训并不意味着 SAT 培训工作过程的终结，它还要求通过专门的考核标准对每个员工的培训结果进行验证，以检查是否满足培训目标的要求，同时，还根据每个阶段收集到的资料，对培训过程的各个方面进行评价，评价结果反馈到培训大纲和培训管理的改进之中。

4) SAT 培训方法具有质量保证(QA)的特征，并把 QA 的管理方法运用于整个培训过程，使培训全过程具有可审查性，从而保证技术人员取得全面工作能力。

5) SAT 培训方法与企业安全文化建设具有紧密的联系。SAT 培训方法在岗位任务分析中就提出专门与安全相关的问题以及与之相对应的 KSA，并写入培训大纲，把安全文化从抽象的概念变成岗位工作的具体行动。

6) SAT 培训方法与人事管理政策有着密切的关系。SAT 培训方法有助于岗位的制定、组织机构的设计、人员聘用、选择和培养，并对制定人事政策和预测人员需求及变化有重要的作用。

(2) 系统化培训方法主要内容

系统化培训方法把整个培训活动分为：岗位任务和培训需求分析、培训大纲设计、培训材料编制、培训的实施、培训效果评价及反馈 5 个阶段。

1) 岗位任务和培训需求分析

分析阶段的主要工作是：首先根据工作性质，对工作岗位进行规范，并针对某个工作岗位的工作进行岗位任务分析，以提出工作任务，然后依此工作任务提出从事该岗位人员所需要具备的全面工作能力要求(全面工作能力定义为完成某一岗位工作要求的知识、技能和态度的总和)，再将该全面工作能力与一个或多个工作任务联系起来，确定培训需求。

2) 培训大纲设计

编制成培训计划。设计阶段的主要工作包括：

- 根据全面工作能力要求确定出需要培训的课程名称及内容；
- 明确培训目标，包括最终目标和分解目标；
- 确定培训时间，包括总学时数和单元学时数；
- 选择培训方式，包括课堂理论培训、模拟培训、现场培训等；
- 明确学员入学资格要求；
- 确定考核项目，包括标准和考核内容；
- 制定培训大纲。

3) 培训材料编制

该阶段的主要工作是根据培训大纲的要求，编写一套适用于员工的培训的教材。编写的培训教材在使用前必须经过审核，从而保证教材内容的完整性，技术上的准确性。同时，培训材料编写还应包括考核标准及试题。

4）培训的实施

该阶段将按照已制订的培训计划和编写的教材实施培训活动。其主要工作包括培训的组织、教员备课、培训前的预测验、进行培训及考核等方面。教员备课准备内容包括培训计划、学员水平、讲义、操作规程、图表、考试题、教学工具、模型及其他教学设施、设备等。预测验的目的是了解学员知识背景，以使授课内容更有针对性，同时了解学员的资格是否满足培训大纲的要求。

5）培训效果评价及反馈

根据每个阶段收集到的信息，对培训过程的各个方面进行评价，并根据评价结果，提出对培训大纲进行修订或改进。培训效果评价可以由企业内部的专家及培训部门的专门工作小组进行，也可以由外部单位的专家进行。特别强调的是系统化培训方法中的评价是对整个培训全过程的综合评价，评价的结果反馈到系统化培训方法的各个阶段。

2.3　态度、价值观与工作满意度

人们在认识客观事物或在工作交往中，总是对人或事产生不同的反应，作出各种各样的评价，如赞成或反对、亲近或疏远、喜欢或厌恶、接纳或排斥等。这种对客观对象所表现出来的积极、肯定的或消极、否定的心理倾向，是一种内在的心理准备状态，它一旦变得比较持久稳定，就会成为态度。

2.3.1　态度

态度（attitude）是指个体对人对事所持有的一种持久而又一致的心理和行为倾向。它反映了一个人对某一对象的内心感受。

需要指出的是：态度不是指行为本身，而是一种心理和行为倾向。态度不能直接观察，只能从个人所表现出来的语言及动作中去推测。

态度有指向性，态度必须有态度主体（态度持有者）和态度客体（态度对象）。比如某人对所从事工作的态度、员工对经理的态度等。

态度具有相对稳定性连续性。理智者对于重要事物的态度，一旦形成不会轻易改变，成为其人格的一部分。如廉洁奉公者不为金钱所动的态度。当然，在一定条件下态度也是可以变化的。

（1）态度的基本成分

人们的态度在很大程度上受到价值取向的影响，不过，态度针对具体的人或事物，而价值取向则更为广泛。态度的心理结构由3种成分构成：认知、情感和意向。

1）态度的认知成分。指人对事物的看法、评价以及带评价意义的叙述。包括个人对某一对象的理解、认识以及肯定与否定的评价。这些评价是一种认知体系，与人的世界观、价值观有密切关系，直接或间接地涉及态度的表达。如“目标管理可以调动人的积极性”就是一种直接赞成的鲜明观点，而“强调数量容易使人忽视质量”则是间接不赞成的态度。所以态度不等于认知，但含有认知倾向，态度与认知有密切的关系。

2）态度的情感成分。即人对事物的好恶，带有感情色彩和情绪特征。人的喜爱或讨厌、热爱或憎恨、尊敬或蔑视、耐心或厌烦、热情或冷淡等，都反映出人的态度。态度与情感不能画等号，但态度含有情感倾向，情感情绪可以直接反映出态度。

3）态度的意向成分。即人对事物的行为准备状态和行为反应倾向。态度不同于行为，但态度含有行为倾向，人的行为反应态度。

态度 3 种成分之间的关系是复杂的。一般情况下三者是协调一致的。如对工作的重要意义认知清楚，则情感上会热爱工作，表现在行为上是专心一致，认真负责，甚至废寝忘食。但 3 种成分之间也可能不一致，如往往有人说："某领导，工作上是称职的，但感情上我不喜欢他"，"理智地说，某一制度（政策）是正确的，但感情上我难以接受，因而行动就有抵触"。这就表明了三者的不协调。人的态度构成有时是单一的情感成分，有时是情感、认知两种成分，多数情况下是认知、情感和意向 3 种成分。

态度的 3 种成分中，只有行为成分能够被直接观察到。一个人不能看到另一个人的情感（情绪成分）或者认知（信念、信息成分）成分，它们只能靠推断。例如，当主管安排一名新员工参加一次为期两周的培训时，我们只能推断：①这名主管对于所需要的培训时间有强烈的感觉；②这个人认为这样一次长度的培训必要的。然而，在对组织行为的研究中，理解与工作相关的态度形成的前提是非常重要的。

（2）工作态度与行为

一般来说，态度形成行为意向。当态度和行为都很具体时，它们之间的关系就十分紧密。员工对具体工作任务的积极态度，往往会产生高生产效率或工作绩效。但是，态度与行为的关系又会受到管理背景或工作情境中许多因素的影响。工作态度与生产率的关系并不是很简单的。工作责任制、奖励方式、组织文化、人际关系、任务特征、群体气氛、领导风格、组织体制等重要的管理与组织因素，都会直接影响工作态度与行为之间关系。在许多情况下，行为对于态度又会产生效应。例如，让某个人经常扮演某种管理角色，久而久之，这个人会对该角色形成正面感情和行为意向，从而达到管理发展和培训的目的；在市场营销中，也常常采用社会心理学"先踏进一只脚"的策略，使客户先同意"一小步"，进而改变态度，接受某种大的销售要求。

（3）态度与认知协调

态度是个体在生活经历中经过体验、学习而逐渐形成的，态度与认知是不可分的。认知的协调性是影响态度的关键心理因素。社会心理学家 Festinger（1957）用"认知失调论"的概念分析了态度与行为不一致的情形。假如我们关注某种环保态度的培养，员工们虽然都同意回收商品包装箱对于环境和经济都有好处，却很少有人送回商品包装箱。按照 Festinger 的理论，这种不一致会产生心理不适和认知失调而促使人们减少或消除这种情况。解除或减轻认知失调状态的办法有以下 3 种：

1）改变某种认知元素或态度，使元素间关系趋于协调。员工们决定持不同的态度，即回收商品包装箱对于环境和经济根本没有好处。

2）改变将来的行为，消除认知失调。员工们开始及时送回商品包装箱。

3）对不一致做出新的解释或合理化分析，以新的认知元素缓冲认知失调状态。员工们既保留回收商品包装箱对于环境和经济都有好处的态度，又提出回收程序不够规范或成本过高等解释。

人们在面临认知失调时采取何种选择，取决于一些因素。其中比较重要的是两方面的因素：一是个体对于自身对情景控制力的认知，如果上司不让你送回应回收商品的包装箱，你更倾向于选择对不一致作出新的解释或合理化分析；二是该事件所包含的奖励量，足够的奖励量会导致降低认知失调和增强认知协调。

Festinger 的认知失调论对于工作态度的研究和应用产生了深远的影响，成为在态度研究中最有影响力的理论之一。按照认知失调论，认识到行为会影响态度，态度也会影响行为。工作中常常有这样的例子，一开始对某项新任务态度消极，一经实际尝试，转变为正面的工作态度；同时，对于某位新员工穿着的最初负面感觉，会促使形成该员工不可信任的态度。

(4) 态度的形成和改变的因素

态度的形成与改变是同一发展过程不同的两个方面。态度的形成强调某一态度的发生发展，而态度的改变则强调由旧的态度改变为新的态度。

影响态度形成的因素很多，主要有社会认知、知识与信息、个性心理、人的活动范围和交往对象、所属团体的影响等。

1) 社会认知对态度形成的影响

社会认知是指人对社会对象的了解、判断和分析。社会对象是人或由人组成的群体及组织，所以社会认知还可分为对人的认知、对人际关系的认知、对群体特性的认知，以及对社会事件因果关系的认知等。社会认知是人的各种社会态度形成的最重要的基础。对人、对组织、对社会事件等的社会认知是深刻还是肤浅，是全面还是片面，直接影响着人形成什么样的态度。因而，要掌握态度形成的一般规律，系统了解获得社会认知的途径、社会认知的特点，以及如何获得正确的社会认知是很必要的。

2) 个体的知识与信息对态度形成的影响

人的态度的形成是以人认识方面的心理活动为基础的。人对社会中的人、组织和其他社会现象的态度直接受社会认知的影响，人对自然界万物的态度也受人对自然认识活动的影响。而人对自然界和人类社会万物的认识过程，又是在已有的知识经验的参与下进行的。所以，人们已有的知识经验，必然影响着人的态度的形成。

3) 个性心理对态度形成的影响

人的个性心理包括两方面的内容：一是个性倾向性，如需要、动机、兴趣、信念、世界观等；二是个性心理特征，如能力、气质、性格等。个性心理是人在后天的环境影响下，在长期的社会实践中形成的比较稳定的具有一定倾向性的心理特征的总和。它对人的态度形成的影响是比较广泛的。

当人们的某种认识、某种观念达到坚信其正确性，并自觉地用来支配自己的行为时，这种成为信念的东西对态度形成的影响是深刻的，建立在信念基础上的态度具有更强的稳定性。如果一个人坚信社会历史总是向前发展的，进步的、新生的东西总会战胜落后的腐朽的东西，那么，他对黎明前的黑暗，对奋斗中的困难、挫折总会持积极乐观的态度。

4) 人的活动范围和交往对象对态度形成的影响

一个人的态度总是在一定活动之中形成和发展变化的。人在游戏活动、家务劳动、学习活动、社会活动等活动范围中所接受的家庭环境影响、学校教育影响和社会环境影响，是人的态度形成的基本的客观因素。在人的各种各样的活动中，有利于活动进行并被环境所认同的态度会不断地得到强化，变得越来越稳固。

5）团体对态度形成的影响

人总是生活在各种团体之中，如家庭、学校、工厂、机关等。团体能够满足人的多方面需要，使个体产生一种归属感和认同感，这种归属感或认同感使个体愿意遵循团体的规范，自然地形成与团体一致的态度。例如，在一个良好的团体中，人们的集体主义观念很强，对损害团体荣誉的行为，人人都持反对、蔑视的态度，一个刚进入这个团体集体主义精神很差的人，进入这个团体也很容易形成同团体一致的态度。

6）偶发性经验对态度形成的影响

在人的生活历程中，对人影响深刻的偶发性经验，也会影响人们对某一类事物的态度的形成。例如，小时候曾被恶狗咬伤的人，很可能长时期对狗产生避而远之的态度。

（5）态度的形成过程

人的态度的形成和发展，从根本上讲，是在后天所经历的家庭环境影响、学校教育影响和社会环境影响过程中实现的。但要运用态度理论于管理，还很有必要对人的某一方面的具体态度形成的过程作出考察和分析。

从前面的学习知道，态度由认知、情感和意向 3 种心理成分构成，认知是基础。从肤浅的认知到较为深刻的认知，以至具有丰富的情绪体验，从而形成坚定的意向，往往需要一段相当长时间的孕育。这样，形成的态度就比较持久，成为一种相对稳定的反应倾向。由此看来，如果单就个体内部过程来说一个具体态度的形成是经历一个认知—情感—意向—行为的过程。

但是，单就内部过程来解释态度形成显然是不全面的，态度形成完全离不开外部影响和人与对象的相互作用。心理学家对态度变化的研究，揭示了态度的形成是从服从到同化，再到内化的过程。

1）服从

这是在一定情境条件下，使自己的行为与外部要求相适应。这时在认知成分上可能还存在矛盾的因素，服从往往是在外界压力下，权衡利弊后所采取的行为反应。与服从相近的是顺从，但两者有所不同，顺从是在认知上没有明显对立的因素，主观体验上不感受压力。例如顺从多数人的态度时，情感体验是轻松的。

2）同化

这是接受他人的观点与行为的影响，使自己的态度与外界要求接近的阶段。这时在态度的认知成分和情感成分上都发生了很大的变化，“相信”他人的观点、态度、行为是正确的，情感体验也趋于一致。

3）内化

新观点和新思想已经纳入了自己的价值体系之中，与情感体验完全融合一致，产生了强烈的行为意向，这就是新态度的完全形成和旧态度的彻底改变的阶段。

上述态度的服从、同化、内化过程，在一个人的某种态度形成过程中，并不一定进行到底，可能在一定的主客观条件影响下停留于某一种状况，或甚至退回到前一种状况。

【扩展阅读】

态度改变理论

1）平衡理论

态度平衡理论是社会心理学家海德提出来的。他认为，认知对象包括世界上各种人、事物、概念等，有的各自分离，有的相互联结，组合成一个整体而被认知。海德把构成一体的两个对象的关系，称为单元关系。这种关系是由它们之间的类似、接近、相属而形成的。人对每种认知对象都有喜恶、赞成反对的情感与评价，海德把这称为感情关系。

海德认为个体对单元中两个对象的态度一般是属于同一方向的。例如，我们对某个工厂的评价很高，而对该工厂的职工也会产生或多或少的好感；我们对某人没有好感，见到他的朋友也可能感到有点讨厌。人们的认知系统中存在着使某些情感或评价趋向于一致的心理压力，因而在同一个整体内相互联系的对象之间，可能发生态度同化现象。当个体对单元的认知与对单元内两个对象的感情关系相调和时，其认知系统便呈现平衡，反之，当个体对单元的认知与对单元内两个对象的感情关系相矛盾时，其认知系统便呈现不平衡状态（失衡）。这种不平衡状态会引起个体心理紧张，产生不满的情绪。人们总是试图消除这种不平衡状态，以恢复一定的平稳状态。海德从这个观点出发，提出了“平衡理论”。

平衡理论有一定的意义，其主要缺陷是把复杂的态度改变问题过于简单化了，忽视了态度改变的内在过程。

2）认知不协调理论

社会心理学家菲斯廷格认为认知是指任何一种知识，包括思想、态度、信念以及对行为的知觉等认知元素。人的认知元素是无穷无尽的，它们之间存在着三种关系。其一，协调——彼此不发生矛盾；其二，不相关——彼此没有关系；其三，不协调——彼此发生矛盾。一般说来，人们都力求将认知中各种元素统一和协调起来。但要做到这一点，有一定的难度，因为认知元素间难免发生矛盾，呈现不协调状态。例如，某职工确实付出很大的努力，想把生产搞好，但结果并不理想；某管理者多次与某职工谈话，要帮助他解决存在着的思想问题，不但没有达到目的，反而引起他的反感；某经理制订了工作计划，因遇到一些意外的困难，未能完全实现，等等。不协调有程度上的差别，这取决于两个因素，其一，认知对于个人的重要性。不协调认知的重要性越大，它可能造成的不协调程度也就越大。其二，不协调认知数目与协调认知数目的相对比例。消除认知不协调状态的方法很多，主要有：

- 改变行为，使对行为的认知符合于态度的认知。
- 改变态度，使其符合行为。
- 引进新的认知元素，改变不协调状态。

2.3.2 价值观

价值观（values）是指一个人对周围的客观事物（包括人、物、事）的意义、重要性的总评价和总看法。对一个人来说，他认为最有意义和最重要的客观事物，就是最有价值的东西。

价值观取决于人生观和世界观。一个人价值观是从出生开始，在家庭和社会的影响下，逐步形成的。一个人所处的社会生产方式及其所处的经济地位，对其价值观的形成有决定性的影响作用。

（1）价值观的作用

价值观不但影响个人行为，还影响群体行为和整个组织行为，进而还影响企业的经济效益。

企业成员在参加企业之前都有着各自的经历，都带了形形色色的价值观进入企业。在同一个客观条件下，对于同一个事物，由于人们的价值观不同，就会产生出不同的行为。同一个规章制度,认为其合理的人就会认真贯彻执行;认为其错误的人就会拒不执行。而这两种截然相反的行为,将对组织目标的实现起着完全不同的作用。因此,人们往往需要通过了解他们的价值观,才能解释他们的行为,并作为进行思想工作的依据。同时,为了获得好的经济效益,企业领导人在选择企业目标时,就要考虑到与企业有关的各种人员和群体的价值观,只有在平衡各方面的基础上才能选择出合理的组织目标。

许多经营得好的公司的成功经验之一,就是有明确的价值观,有共同的信念,并严守这个信念。一个企业在其生命过程中,为了适应不断改变的环境,必须准备改变自己的一切,但不能改变自己的信念。

在我国社会主义市场经济的条件下,一个有效的经营管理者必须十分重视价值观的变化,以及其对经营管理和经济效益的影响作用。为此,一方面要使经营管理工作适应人的普遍存在的价值观;另一方面又要树立和培植新的价值观。

(2) 价值观的分类

美国组织行为学家斯普朗格尔(E. Spranger)最早对人的价值观进行归类,他将价值观分为6类,见表2-3-1。

表 2-3-1 Spranger 的价值观分类

1. 理性价值观	它是以知识和真理为中心的价值观,具有理性价值的人把追求真理看得高于一切
2. 审美价值观	它是以外形协调和匀称为中心的价值观,他们把美和协调看的比什么都重要
3. 政治性价值观	它是以权力地位为中心的价值观,这一类型的人把权力和地位看得最有价值
4. 社会性价值观	它是以群体和他人为中心的价值观,把为群体、他人服务认为是最有价值的
5. 经济性价值观	它以有效和实惠为中心的价值观。认为世界上的一切,实惠的就是最有价值的
6. 宗教性价值观	它以信仰为中心的价值观。认为信仰是人生最有价值的

价值观的最终点就是理想,价值观与兴趣有关,但它强调生活的方式与生活的目标,牵涉到更广泛、更长期的行为。有人认为"人生以服务为目的",有人以追求真理为目标,有人则重视物质享受。

2.3.3 工作满意度

工作满意度是指个人对他所从事的工作的一般态度,即对所从事的工作持有的评价与行为倾向。工作满意度表现在两个维度上:第一,工作满意度是对于工作情境的一种情绪反应,人们无法观察到它,只能推断得到;第二,工作满意度经常是由结果在多大程度上符合或者超出期望来决定的。工作态度作为内在的心理动力,引发相应的工作行为。

(1) 影响工作满意度的因素

影响工作满意度的因素主要有:

1) 工作本身。包括工作内容的奖励价值、多样性、学习机会、困难性以及对工作的控制。

2) 公平的待遇。组织的报偿、晋升制度、政策是对员工工作的最直接最明确的物质肯定方式。这些制度政策是否公平,极大影响着员工的工作满意度。

3) 良好的工作环境。组织特性和环境影响是预测工作满意度的重要指标。组织特性分为督导方式(领导风格)、组织承诺、激励(包括提升机会、工作安全和工作认可)、工作投入。工作环境的舒适(适宜的温度、照明、低噪音、洁净),从事工作的便利性(易操作的现代化工具、不太遥远的工作地点),也是工作满意的助长因素。

4) 人的个体特征。个体不同的年龄、性别、文化价值取向、人格乃至基因遗传,都会对工作满意度产生不同的影响。

5) 工作特征。工作单位性质、行业、职位、月收入和参加工作时间等也对工作满意度产生重要影响。

(2) 工作满意度的功能

工作满意度作为工作的内在心理动力,引发各种工作行为,就是工作态度的功能。这种功能主要包括影响对工作的知觉与判断、促进学习、提高工作的忍耐力等。有研究报道,高度满意的员工一般会有较好的健康体魄,更快地学会新的工作任务,在工作中出现较少的事故,抱怨也较少。

(3) 工作满意度的结果

工作满意度直接关系到工作绩效的高低。一般说来,积极的工作态度对工作的知觉、判断、学习、工作的忍耐力等能发挥积极的影响,因而能提高工作效率,取得较高的工作绩效。这表明积极的工作态度与生产率之间有着一致性的关系。但是,消极的工作态度,由于要取得很高的工作报酬,也可能引发积极的工作行为,取得良好的工作绩效。由于中介因素的影响,使得工作态度与生产率的关系十分复杂。

研究者发现满意度与离职率之间有一个中等程度的负相关。高的工作满意度本身不一定保证低的离职率,可是有相当高的工作不满意度,则可能有高的离职率。研究发现工作满意度与缺勤之间有一个弱的负相关。

2.4 知 觉

刻板印象的危害

1941 年 12 月 7 日,日军偷袭珍珠港,这是美国建国以来遭受的来自外部力量的最沉重的突然袭击(堪比后来的 9·11 事件)。幻想置身事外的美国人痛定思痛,毅然投入到全世界反法西斯战争的洪流。

与此同时,14 万日裔美国人(有 7 万人已经加入美国国籍)堕入了深渊。根据罗斯福总统 1942 年 2 月 19 日颁布的第 9066 号行政命令,军方命令祖先为日本人的美国居民迅速处理掉房子和生意,去指定地点报到,成人只准携带 150 磅重的行李;他们的姓名被号码取代,被迫进入美国中西部地区特别修建的集中营(重新安置中心)。在美军中服役的 5 000 名日裔多数被开除军籍,被列为 4-F 级(不宜服役)或 4-C 级(敌侨)人员。

美国影片《美国往事:我们的星条旗》以和夫一家的遭遇为主线,掀开了美国历史上黑暗的一页。日裔美国人未经许可不得离开围有铁丝网的集中营,他们住简易木房、共用浴室,受到 24 小时监控,与外界完全隔离。

由于刻板印象的危害,日裔美国人成了其他美国人理所当然的怀疑和泄愤的对象。刻板印象是我们在对某个群体进行知觉判断时走的捷径,它用概括的方法使我们易于处理不计其数的刺激,但具体到个人时,这种知觉就可能失真。

知觉(perception)可以定义为个体为了对自己所在的环境赋予意义而解释感觉印象的过程。即知觉是当前直接作用于感觉器官的整个客观事物在大脑中的反映。一个人的知觉与客观现实可能差距很大。它并不必定如此,但却常常如此。比如,或许一家工厂的每一名工人都感到这里是工作的最佳场所——有满意的工作条件,有趣的工作任务,高工资的待遇,善解人意而有责任心的管理层。但是,大多数人都知道,这种一致性意见确实少见。

为什么知觉对于组织行为的研究十分重要?因为人们的行为是以他们对现实的知觉为基础的,而不是以现实本身为基础。这个世界是人们知觉到的世界,而这对行为又十分重要。

2.4.1 影响知觉的因素

影响知觉的因素来自知觉者、知觉对象和知觉情境 3 个方面。

(1) 知觉者因素

知觉者作为知觉的主体,在社会知觉过程中起重要作用,它直接影响着社会知觉过程。而知觉者已有的经验、对他人的价值判断以及个人的情感等又是其关键因素。另外,即使是对于同一个知觉对象,不同的人也往往会产生不同的知觉。这种知觉的个别差异更多地取决于人们各自主观状态的不同。这种影响因素主要有以下几点:

- 兴趣。兴趣的个别差异决定着知觉的选择性。
- 需要与动机。凡是能够满足人们需要、符合人们动机的事物,往往会成为知觉的对象。
- 个性特征。不同气质类型的人知觉的深度和广度是不同的。
- 认知结构。个体在知觉他人时,深受知觉者个人的认知结构的影响。这包括个人的不同观点、态度以及不同的评价标准。

(2) 知觉对象因素

知觉的选择性。在同一时间内,作用于人的刺激物很多,但是由于信息通道的局限性,人们不可能对所有的刺激物都进行清晰反映,只能清晰反映那些对自己有重要意义的刺激物。因此,知觉对象本身的内在因素如大小、背景、新奇、运动等特点都能影响到我们的知觉。这种对一部分刺激物进行清晰反映,而对其余刺激物进行模糊反映的特性就是知觉的选择性。被清晰反映的刺激物叫知觉的对象,被模糊反映的刺激物叫知觉的背景。如图 2-4-1鲁宾杯(Rubin Cup)图形,其形状和背景是可以相互变换的。

图 2-4-1 知觉的选择性

知觉归类。知觉归类是指知觉对象的组合原则，也就是按照这些原则才更容易把知觉对象组合成为一个整体反应的知觉，见图 2-4-2。心理学的研究成果表明，按连续、封闭、接近和相似等原则把知觉对象组合起来，才有利于知觉的整体反应的形成。

图 2-4-2　知觉归类

(3) 知觉情境

我们在什么情境下认识和了解物体或事件也很重要，周围的环境因素影响着我们的知觉。知觉客体或事件的时间能影响到我们的注意力，其他情境因素还有地点、光线、热度等。

如果你的上司从公司总部突然来到本部，你更有可能注意到下属游手好闲的行为。这就是情境影响了你的知觉。对客体或事件知觉的时间能影响到我们的注意力，除此之外其他情境因素还有工作环境、社会环境等。图 2-4-3 概括出了影响知觉的各项因素。

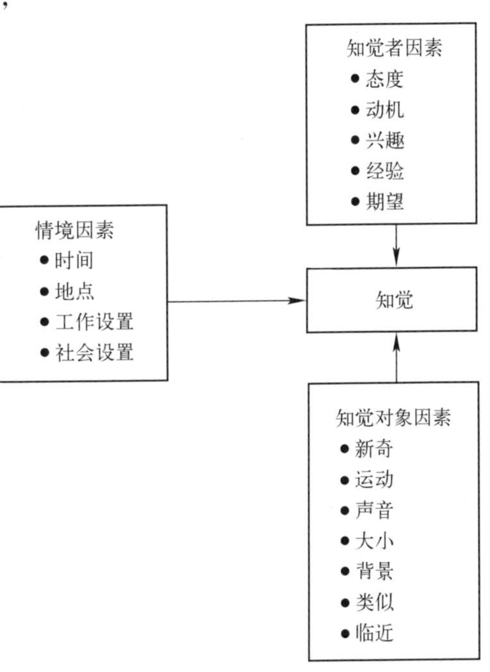

图 2-4-3　影响知觉的各项因素

2.4.2　知觉效应

由于受各种主客观条件的限制，人们在反映客观现实，尤其在对人的认识时，可能会产生种种偏见，进而影响到知觉的准确性。因此，这些知觉过程中出现的偏见也是影响社会知觉的因素。有下面几种：

(1) 首因效应与近因效应

首因效应是指人们在初次交往时所形成的第一印象，对人们认知他人所产生的心理作用。近因效应是指人们在知觉过程中，最后(近)给人留下的深刻印象，往往会冲淡过去所获得的有关印象，并对以后该对象的知觉产生强烈的影响。

1957 年，美国心理学家卢钦斯(A. Ladins，1957)做了这样一个实验。他编撰了两段描写一个名叫吉姆的男孩的生活片段的文字，第一段文字将吉姆描写成热情、外向的人，说吉姆与朋友一起去上学，他走在洒满阳光的马路上，与店铺里的熟人说话，与新结识的女孩子打招呼等；另一段文字则相反，把他描写成冷淡而内向的人，说吉姆放学后一个人步行回家，他走在马路的背阴一侧，没有与新近结识的女孩子打招呼等。在实验中，卢钦斯把两段文字加以组合：

第一组，描写吉姆热情外向的文字先出现，冷淡内向的文字后出现。

第二组，描写吉姆冷淡内向的文字先出现，热情外向的文字后出现。

第三组，只显示描写吉姆热情外向的文字。

第四组，只显示描写吉姆冷淡内向的文字。

卢钦斯让四组人分别阅读一组文字材料，然后回答一个问题："吉姆是一个什么样的人？"结果发现，第一组中有78%的人认为吉姆是友好的，第二组中只有18%的人认为吉姆是友好的，第三组中认为吉姆是友好的人有95%，第四组只有3%的人认为吉姆是友好的。

第一组和第二组条件下，相同的内容，只因顺序不同，人们对吉姆的印象差别竟然如此之大！也就是说，信息呈现的顺序影响了对人的整体看法，先呈现的信息比后呈现的信息有更大的影响作用。这个现象叫做首因效应，也叫第一印象效应，它是指第一次接触陌生人或事物形成的印象对人们后来的认识起到了先入为主的作用。

更有意思的是，卢钦斯的实验并没有就此终止，他改变了实验条件。首先，告诉参加实验的人不要受第一印象的误导，要全面地进行评价，然后，将描述吉姆不同特征的两段文字隔开呈现。这些人念完第一段文字后就做一些无关的工作，如做数学题、听故事等，然后再将另一段呈现给他们。在这种条件下，大部分人都会根据后面一段的描述对吉姆进行判断。

上面实验看到，总体印象形成过程中，新近获得的信息比原来获得的信息影响更大，这个现象就叫近因效应。

一般地，对于陌生人，首因效应的作用比较大；对于熟悉的人，近因效应的作用比较大。

(2) 定势效应

定势又叫心向，它是人们对一定活动的一种准备状态，而定势效应则是这种准备状态对随后的反映活动、信息加工产生的影响。

心理学家向被试出示同一人的照片，出示之前，对第一组说，这个人是个十足的罪犯；对第二组说这是一位大科学家。然后让被试用文字描述照片上的人的相貌。结果第一组的评价是：深陷的双眼证明内心的仇恨，突出的下巴证明沿着犯罪的道路走到底的决心；第二组的评价是：深陷的双眼表明思想的深度，突出的下巴表明在科学的道路上克服困难的意志。这就是在看照片之前的介绍所产生的定势所起的作用。

(3) 刻板效应

刻板效应是人们用刻印在自己头脑中的关于某人、某一类人的固定印象，作为判断和评价人依据的心理现象。

刻板效应把人进行机械的归类，把某个具体的人看做是某类人的典型代表，把对某类人的评价视为对某个人的评价，因而影响正确的判断。刻板印象常常是一种偏见，人们不仅对接触过的人会产生刻板印象，还会根据一些不是十分真实的间接资料对未接触过的人产生刻板印象，例如，老年人是保守的，年轻人是爱冲动的；北方人是豪爽的，南方人是善于经商的；英国人是保守的，美国人是热情的等。

(4) 晕轮效应

所谓"晕轮效应"，就是在社会知觉中，由于对知觉对象的某种品质或特点有清晰的知觉，印象深刻、突出，从而掩盖了对知觉对象的其他品质或特点的印象。

晕轮效应最早是由美国著名心理学家爱德华·桑戴克(Edward Lee Thorndike)于20世纪20年代提出的。他认为，人们对人的认知和判断往往只从局部出发，扩散而得出整体印象，也即常常以偏概全。一个人如果被标明是好的，他就会被一种积极肯定的光环笼罩，并被赋予一切都好的品质；如果一个人被标明是坏的，他就被一种消极否定的光环所笼罩，并被认为具有各种坏品质。这就好像刮风天气前夜月亮周围出现的圆环(月晕)，其实，圆环不过是月亮光的扩大化而已。据此，桑戴克为这一心理现象起了一个恰如其分的名称“晕轮效应”，也称作“光环作用”。

针对知觉的这些特点，我们应该在工作活动中，自觉利用知觉的规律，帮助我们更好地认识外界的事物，并注意克服相应的问题。

2.5　情绪与心境

“人非草木，孰能无情”，情绪情感是人对客观事物的一种普遍的反映形式。人的情绪情感不是凭空产生的，而是由一定刺激情境引起的。在社会实践中人会接触到自然和社会环境中的各种事物，这些事物对人具有不同的意义，人对其抱有不同的态度，于是就产生各种不同的体验。如事业成功时感到喜悦、受到侮辱时非常愤怒、失恋时伤心、遇到险情时产生惊恐，这些都是人的情绪、情感的不同表现形式。

2.5.1　情绪、情感和心境

多年来情绪都是心理学而不是组织行为学中的一个主要变量。和其他心理学概念类似，关于情绪(emotion)的确切定义与含义还没有获得一致意见。然而大多数心理学家都同意，能够最好地描述情绪的一个词，是个体对某事有何感受(feel)，这样的情绪性感受指向某人或某事，情绪的含义不像情感(affect)一词这么广，但比心境(mood)一词更强烈和明确。情绪、情感和心境的具体区别为：

情绪是对某个对象的反应，而不是一种特质。它们具有对象特定性。当你“为某事而高兴、为某人而生气、因为某事而害怕”时，你就在表达你的情绪。而心境就不指向某一对象。当你失去了背景对象作为焦点时，情绪就转化为心境。因此当一位同事批评你对客户的说话方式时，你可能对他生气(情绪)。可是后来你会发现自己只是陷于一种一般化的沮丧之中。后面的这种情感状态就是一种心境。

总起来说，情感(affect)指的是伴随着心理活动的认识过程，产生的与人的社会性需要相联系的心理体验。按情感的社会内容可将其分为道德感、理智感、美感。

情绪(emotions)指向某人或某事的强烈感觉，有客体针对性。我国古代将人的情绪分为喜、怒、哀、乐、爱、恶、惧 7 种基本形式。现代心理学一般把情绪分为快乐、愤怒、悲哀、恐惧 4 种基本形式。根据情绪发生的强度、持续时间和紧张度，可以将情绪分为心境、激情和应激。

心境(mood)，心境是情绪的一种，是一种比较微弱而持久的情绪状态。如工作中感觉到的淡漠，缺乏情境刺激的心理情感状态。表 2-5-1 给出了情绪和情感的区别与联系。

情绪、情感和心境是人对事物的态度体验，是个体心理过程的又一重要因素，它影响个人的态度和行为，在人与人、人与群体、人与组织的关系中起着不可忽视的作用。

(1) 情绪情感的功能

1) 动力功能

动力功能是指情绪情感对人的行为活动具有增力或减力的效能。现代心理学研究表明，情感不只是人类实践活动中所产生的一种态度体验，而且对人类行为的动力施加直接的影响。在同样有目的、有动机的行为活动中，个体情绪的高涨与否会影响其活动的积极性，在高涨情绪下，个体会全力以赴，努力奋进，克服困难，力达预定目标；在低落情绪下，个体则缺乏冲动和拼劲，稍遇阻力，便畏缩不前，半途而辍。

表 2-5-1 情绪和情感的区别与联系

	情 绪	情 感
区别	与生理需要相联系的内心体验	与社会需要相联系的内心体验
	表现形式具有明显的冲动性和外部表现	比较内隐、含蓄，常以内心体验的形式存在，始终处于意识支配的范围内
	比较低级、简单，不仅是人类所具有，动物也常发生	是高级的复杂的内心体验，是人所特有的心理现象
	情绪带有极大的情境性、激动性和暂时性，常由某一时刻、某些特定情境引起，时过境迁，就会意转情移，所以不稳定	情感则带有很大的稳定性、深刻性和持久性，不随情境的改变而转移
联系	情绪是情感的表现形式，情感是情绪的本质内容	

2）调节功能

调节功能是指情绪情感对一个人的认知操作活动具有组织或瓦解的效能。研究表明，情绪的性质影响着认知操作活动。一般而言，快乐、兴趣、喜悦之类的积极情绪有助于促进认知操作活动，而恐惧、愤怒、悲哀之类的消极情绪会抑制或干扰认知操作活动。同时，情感对认知操作活动的积极与消极作用，还反映在情绪的强度上。

【扩展阅读】

耶尔克斯-道森定律

早在20世纪50年代，赫布就发现，一个人的情绪唤醒水平和认知操作效率之间似乎存在着一种非线性关系。当情绪唤醒水平较低时，有机体得不到足够的情绪激励能量，认知操作效率不高。随着情绪唤醒水平的上升，其效率也相应提高。但唤醒水平上升到一定的高度后，再继续上升，情绪激励的能量过大，使人处于过度兴奋状态，反而影响效率。这样，便存在着情绪唤醒水平的最佳点——中等程度的情绪唤醒水平最有利于认知操作活动。此后，有人（Wolford，1974）不仅用实验证实了赫布所指出的那种关系，而且发现，情绪唤醒水平的最佳点随智能操作活动的复杂性而变化。在实验中设置三种难度的智能操作活动，结果发现，活动越复杂，唤醒水平的最佳点越偏低。这就是反映情绪强度与认知操作活动效率之间关系的耶尔克斯-道森定律。根据这一定律，我们在进行认知操作活动时，情绪强度不宜过高和过低，应保持中等水平，并且这一适中点还应根据认知操作活动难度作相应调整，难度大的，适中点偏低些，难度小的，适中点偏高些，这样才能积极发挥情感对认知操作活动的调节功能。

3）信号功能

信号功能是指一个人的情绪情感能通过表情外显而具有信息传递的效能。确切地说，一个人不仅能凭借表情传递情感信息，而且也能凭借表情传递自己的某种思想和愿望，一言以蔽之，表情能传递一个人的思想感情。

4）保健功能

保健功能是指情绪情感对一个人的身心健康有增进或损害的效能。情绪的生理特性已告诉我们，当一个人情绪波动时，其身体内部会出现一系列的生理变化。而这些变化对人的身体影响是不同的。一般说，在愉快时，肾上腺素分泌适量，呼吸平和，血管舒张而使血压偏低等，这些生理反应均有助于身体内部的调和与保养。但焦虑时，肾上腺素分泌过多，血压升高，心跳加速等又有碍身体内部的调养。倘若一个人经常处于某种不良情绪状态，久而久之便会影响一个人的身体健康。

5）感染功能

感染功能是指一个人的情绪情感具有对他人情绪情感施予影响的功能。当一个人产生某种情绪时，不仅自身能感受到相应的主观体验，而且还能通过表情外显，为他人所觉察，并引起他人产生相应的情绪反应。这种现象称为移情或情感移入。日常生活中还可以看到，当一个人的情绪引起另一个人完全一致、且有相当强度的情绪时，我们称为情感共鸣。其实，这就是最典型、最突出的移情现象。心理学研究表明，一个人的情感会影响他人的情感，而他人的情感也能反过来再影响这个人的原先情感。这就使人与人之间的情感发生相互影响。情绪情感的这一功能为情绪情感在人际间的交流、蔓延提供可能性，使个体的情绪社会化，同时也为通过情感在影响、改变他人情感，达到情绪控制方面的效果而开辟了一条“以情育情”的途径。

6）迁移功能

迁移功能是指一个人对他人的情绪情感会迁移到与此人有关的对象上的效能。一个人对他人有感情，那么对他人所结交的朋友，所经常使用、穿戴的东西，也都会产生好感。这似乎是把对他人的情感“迁移”到他人所接触的人和物上去了。这便是情感的迁移现象。“爱屋及乌”即是指这一独特的情感现象。

（2）心境

心境是一种比较微弱而持久的情绪状态。

心境也称为心情，如心情舒畅或忧郁、平静或烦躁等。心境具有渲染性和弥散性，它不是指向某一特定对象，而是在某一时段内，作为人的情绪的总背景将人的言行举止、心理活动都染上相应的情绪色彩。如愉快、喜悦的心境，往往使人感到“山笑水笑人欢笑”，悲伤的心情又会使人感到风花雪月也垂泪伤心。所谓“忧者见之则忧，喜者见之则喜”，就是指人的心境。一般说来，心境持续的时间较长，有时持续几小时，有时可能几周、几个月或更长时间。这主要依赖于引起心境的各种刺激的特点和个性差异。

影响心境的因素是多方面的。如工作的成败、生活的顺逆、人际关系的好坏、个人健康及自然环境的变化以及过去的片断回忆等都可能导致人的不同心境状态。而情绪中的认知因素则是心境持续的主要原因。我们的思想对各种引起我们情绪体验的刺激进行评价和鉴定而产生情绪。如果对某种产生情绪的刺激过于强调，这种强调的结果就可能导致某种心境。比如，个体失败后若能认识到失败的原因并知道应该继续努力，其失望情绪会很快消失。但如果太强调这次失败，把它看成是一次不可饶恕的错误，那么其失望情绪就会持续而使他处于一种不愉快的心境之中。愉快的心境也一样，主要是我们的认知因素作用的。

心境对人的生活、工作、学习和健康有很大的影响。首先，心境影响个体的动机。一个人心境好的时候，他将对事物有积极的态度，对工作有较大的兴趣。人们常说，一个人心境不好，连饭也不想吃，不愿意跟别人说话，什么事都不想干，凡事感到枯燥乏味。也就是说，在心境不好的时候一个人的各种积极的动机都是很低的。其次，心境影响人们记忆的选择性。人们常有这样的经验，即心情不好的时候，往往会回忆起不愉快的事情，而心情好的时候往往会回忆起愉快的事情。再次，心境也影响利他行为。在日常生活中，可看到各种利他行为，比如你在路上自行车坏了，有人主动帮助你把它修好；在陌生的地方有人主动为你带路；学校中成绩好的学生帮助后进的学生温习功课；为社会福利募捐等。国外有些研究试图找出心境与利他行为之间的关系。艾森(Isen，1970)曾作过这方面的实验研究并指出，处于好心境中的人比处于坏心境中的人，更愿意帮助别人。

保持良好心境的主要条件是：消除过重的自私心理，保持适度的名利欲望；建立积极的认知模式；建立良好的人际关系；善于宽容别人和自己；学会宣泄不良的情绪。

2.5.2 意志

坚强的意志对人的行为有强烈的支配调节作用。用苏轼的话来说，就是“古之成大事者，不唯有超世之才，亦有坚忍不拔之志。”

意志是个体心理过程的重要因素，是人的主观能动性的具体体现。意志是决定个人行为效果的基本因素，对个体潜能的充分发挥起着重要的作用。

(1) 意志的内涵

意志就是自觉地确定目的，并支配调节自己的行为，以克服各种困难，实现目的的心理过程。意志过程是人的心理过程的一个重要方面，表现出了人改造客观世界和主观世界的能动作用。

意志由意志行为表现出来，意志行为有两个特征：一是自身有目的的行为，是受意识控制、符合目的的行为，它和一时冲动产生的行为完全不同；第二它是与克服困难相联系的行为，不需要克服困难的轻而易举的行为，不能算是意志行为。

意志行为受意志的支配和调节。这种调节表现为三方向：一是发动作用。即推动人们为达到某种目标而行动；二是坚持作用。行动发动以后，往往不是一帆风顺的，这时就需要动员意志的力量去坚持，否则便会在困难面前败北；三是克制作用，就是用意志的力量去阻止与预定目标相违背的行为。

(2) 意志对行为的影响

研究意志的目的是培养自己良好的意志品质。一种比较公认的分类是把意志品质归纳为自觉性、果断性、坚持性和自控性。

自觉性是指对自己的行为目的的重要性和正确性有充分的认识，并根据客观规律规划自己的行为，以实现预期的目的。与自觉性相反的是受暗示性和独断性。受暗示性表现为容易受别人的影响而轻易改变自己的决定。有自觉性的人也愿意接受别人的意见和听从别人的劝告，但这是以意见和劝告符合自己的观点，并相信其正确为前提的。而暗示性则是轻信别人，不认真分析就轻易改变已作出的决定和行为。独断性表面上与受暗示性相反，即毫无理由地拒绝别人的忠告而独断专行。实际上独断性和受暗示性一样，都是缺乏自觉性，是意志薄弱的表现。

果断性是指一个人能够适时地作出有根据和坚决的决定，并毫无犹豫地付诸执行，而在不需执行和情况改变时，能立即停止和改变已作出的决定。在环境复杂多变、机遇与风险并存的情况下，决策者面对困难，勇于承担风险、敢于迎接挑战是果断的意志品质的集中体现，是企业家精神的重要方面。与果断性相反是优柔寡断。优柔寡断表现在应当立即作出的决定时迟疑不决，应当行动时徘徊不前。“当断不断，必受其乱”说明的就是缺乏果断必会贻误时机、带来不良后果。有果断品质的人，也可能经过长时间才作出决定，但这不是他不果断，而往往是因为他想尽快摆脱动机斗争所带来的苦恼。

坚持性是指能顽强地克服行动中的困难，不屈不挠地执行决定的品质。这种品质表现为善于抵制不符合行动目的的客观诱因的干扰，做到面临千纷百挠，不为所动，“咬定青山不放松”；也表现为善于长久地坚持业已开始的符合目的的行动，做到锲而不舍，有始有终。在最困难的关头能不能坚持下来，是对一个人意志品质的严峻考验。坚持性与顽固执拗不同，坚持性是以对活动意义的明确认识，和对行动方法的科学分析为基础的，而顽固执拗则是明知错误还要固执己见，抱残守缺，实际上也是意志薄弱的表现。

自制性是指自制的能力，在意志行为中善于控制自己的情绪，约束自己的言行。这种品质表现为善于迫使自己去执行已作出的决定，战胜有碍执行决定的各种因素，如克服恐惧、犹豫、懒惰、羞怯等，同时也表现为善于抑制自己消极情绪的冲动，自觉地控制和调节自己的行为。意志自制力强的人，在危急关头能够克服惊慌、恐惧而从容镇定、谈笑自若；在情绪震荡时善于控制、理智对待、宠辱不惊；“不管风吹浪打，胜似闲庭信步”、“猝然临之而不惊，无故加之而不怒”就是意志自制力很强的人具有的风度。意志薄弱的人缺乏自制力，他们不是情感的主人，而是情感的奴隶，常常管不住自己，以致产生各种错误行为。

意志表现了人的意识、行为的能动性，是主观见之于客观的心理过程，它受到立场、观点、信念的制约，充分地表现出一个人行为的自觉性和果断性，表现出克服困难的坚持性和自制性。

良好的意志品质是一个人心智健康发展、走向成功的必要条件。具有良好的意志品质的人勇于克服困难超越自我，愈挫愈奋磨炼自己，持之以恒不断积累实力，针对实际通达权变，克制自己宽以待人，最终取得优异成绩，振奋组织士气，提高群体相容性；而意志薄弱的人往往三心二意、缺乏斗志，困难面前畏缩不前，遇到挫折灰心丧气、怨天尤人，甚至半途而废，一事难成，影响群体情绪。这一点，古今中外，概没能外。

当然，意志不是与生俱来的，而是在实践活动中，尤其是在克服困难的过程中形成的。所以，我们要利用各种活动培养自己良好的意志品质，以各方面的杰出人物为榜样，从小处着手，在困难面前有斗志，在失败面前不灰心，坚忍不拔，顽强不懈地对待生活、工作中的逆境和各种挫折。在家庭教育、学校教育、组织的人力资源开发工作中，要把意志品质的锻炼培养作为一项重要的内容，力争做到智力因素和非智力因素并重、“智商”和“情商”并重，努力提高人的综合素质。

2.5.3　情绪智力

情绪智力(Emotional Intelligence，EI)又称为情感智力，通俗的叫法就是情商。

情绪智力是近年来对商业企业最有影响的思想之一，它的理念是：经理人了解和控制自己和周围同事情感的能力将决定企业能否有更好的商业表现，如同其他许多重要管理学思想的重大突破一样，情绪智力的概念最初也是来源于商业领域之外。

情绪智力的概念是由美国耶鲁大学的萨洛维(Salove)和新罕布什尔大学的玛依尔

(Mayer)提出的,是指“个体监控自己及他人的情绪和情感,并识别、利用这些信息指导自己的思想和行为的能力”。

换句话说,情绪智力也就是识别和理解自己和他人的情绪状态,并利用这些信息来解决问题和调节行为的能力。在某种意义上,情绪智力是与理解、控制和利用情绪的能力相关的。

美国校园中不断增长的学生变得具有攻击性和产生沮丧心理的案例,使丹尼尔·高曼(Daniel Goleman)对这一现象进行了研究。高曼对全世界121家公司与组织的181个职位的胜任特征模型进行分析后发现,67%的胜任特征与情绪智力相关。在他1995年出版的《情绪智力》一书中,阐述了他的研究结果。他认为,人类的自我意识、自我约束、毅力和全情投入等能力对一个人一生的影响在大多数时间内都要比智商更为重要。高曼宣称如果忽视了情绪智力因素的存在,对我们自身发展是不利的,而儿童更应该在学校期间就开始接受情绪智力的教育。

高曼的这本启蒙性著作对唤起商业领域对情绪智力概念的意识起到了相当重要的作用。越来越多的商业书籍和文章也开始致力于这一命题的研究。而高曼自己也正成为管理学大师行列中冉冉升起的一颗明星。《情绪智力》一书连续18个月被列入《时代周刊》畅销书名单,并被翻译成近30种文字畅销全世界。而“情绪智力”一词也被列入各种管理发展计划和商学院的教程之中,为更多的企业管理人员所学习。

(1) 情绪智力的5种能力

作为通过培训方式进行辅导的心理学家,高曼对哈佛大学的心理学家霍华德·加德纳(Howard Gardner,加德纳以开发多元智力理论而著称于世)和耶鲁大学的心理学家彼得·萨洛威(Peter Salovey)的思想进行了进一步延伸。在他的著作中,高曼引用了萨洛威对情商所下的定义。萨洛威认为,情绪智力主要体现在5个方面:

1) 认识自身情绪的能力

认识自身情绪,就是能认识自己的感觉、情绪、情感、动机、性格、欲望和基本的价值取向等,并以此作为行动的依据。

2) 妥善管理自身情绪的能力

妥善管理自身情绪,是指对自己的快乐、愤怒、恐惧、爱、惊讶、厌恶、悲伤、焦虑等体验能够自我认识、自我协调。比如,自我安慰,主动摆脱焦虑、不安情绪。有人发现,当自己情绪不佳时,可用以下方法帮助调整情绪:① 正确查明使自己心烦的问题是什么;② 找出问题的原因;③进行一些建设性引导。

3) 自我激励

自我激励,指面对自己欲实现的目标,随时进行自我鞭策、自我说服,始终保持高度热忱、专注和自制。如此,使自己有高度的办事效率。

4) 认识他人的情绪

认识他人的情绪,指对他人的各种感受,能“设身处地”地、快速地进行直觉判断。了解他人的情绪、性情、动机、欲望等,并能作出适度的反应。在人际交往中,常从对方的语言及其语调、语气和表情、手势、姿势等来做判断。常常真正透露情绪情感的就是这些表达方式。故捕捉人的真实性情绪情感的常是这些关键信息,而不是对方“说的什么”。

5) 人际关系的管理

人际关系的管理,是指管理他人情绪的艺术。一个人的人缘、人际和谐程度都和这项能力有关。深谙人际关系者，容易认识人而且善解人意，善于从别人的表情来判读其内心感受，善于体察其动机想法。这种能力的具备，易使其与任何人相处都愉悦自在，这种人能充任集体感情的代言人，引导群体走向共同目标。

(2) 正确解读情绪智力

拥有高 EI 并不仅仅意味着“做个好人”，在关键的战略时刻，个体有时还得扮演“黑脸”的角色。

拥有高 EI 并不意味着个体就可以放纵自己的情绪，相反要对情绪进行管理，使之能适宜、有效地表达，使人们能朝着共同的目标一起顺畅地工作。

在 EI 上并不存在性别差异。女性在 EI 上并不比男性更聪明，反之亦然。研究发现，女性一般能更清醒地意识到自己的情绪，更富有同情心，更擅长人际交往；男性则更自信，更乐观，更能适应环境以及能更好地应付各种激变。客观地说，无论是男性，还是女性，在 EI 上均有其长处，也有其不足。一些人虽富有同情心，但却缺乏处理自己苦恼的能力；而另一些人虽能敏锐地意识到自己情绪的细微变化，但对别人的情绪反应却“呆若木鸡”。

EI 的水平并非由遗传所决定的，也不是在儿童早期阶段就已发展定型的。与 IQ 不同的是(IQ 在十几岁以后就不太变化)，EI 的水平在人的一生中能通过不断的学习而得以不断地提高，它能从经验中不断地汲取营养。对人的 EI 水平进行的一项追踪研究显示，随着个体越来越善于调控自己的情绪和冲动，更善于激励自己以及社交技巧的不断丰富，人们在 EI 上的能力表现也不断地得到提高。用一个老套的字眼来形容这种变化就是“成熟”。

由于 EI 可经由后天的学习和经验而不断提高，因此拥有高 EI 并不是一件可望而不可及的事。要想成为一名成功人士，你不但应该学习相关领域的新知识、新技能，也应不断地有意识地提高自己的 EI。企业则可以通过一些激励措施及开展相关的培训，提高员工的 EI。

(3) 情绪智力对企业管理的影响

高曼就情绪智力对个人和对职业的影响力持续进行了研究。他认为，在经常为冷冰冰的商业分析和理智所困扰的当代商业环境中，情绪氛围的营造对企业成功的影响比以前想象中更为重要。在 1998 年出版的《与情绪智力一同工作》一书中，高曼提出，在明星企业中，建立在情绪智力基础上的工作能力比其他的智力和技术因素在企业中扮演着更重要的作用。个人和企业都能够从培养这种能力的行为中获利。

高曼特别指出，对企业领导来说，情绪方面的因素更为重要。处于有挑战性的高难度工作岗位的企业领导人通常都具有高于常人的智商，这时候，拥有高超情商能力便可使某些领导者在工作中更胜人一筹。在企业高级管理层中，只有“情绪智力”而不是“理性智力”才标志着谁是真正的领导者。

高曼对表现杰出的企业的调查显示，企业能够在同行业中拥有更为出色表现的原因有 2/3 应该归功于情绪智力，而只有 1/3 应归结为可由智商衡量的智力因素和专业科技水平。

2.6　动机与激励

人们常说，行为之后必有原因，这里所说的原因就是动机。动机与需要是紧密联系的。如果说需要是人活动的基本动力源泉，那么，动机就是推动这种活动的直接力量。

2.6.1 动机

动机(motivation)是指引起和维持个体活动,并使活动朝向某一目标的内部动力。动机这一概念包含以下内容:①动机是一种内部刺激,是个人行为的直接原因;②动机为个人的行为提出目标;③动机为个人行为提供力量以达到体内平衡;④动机使个人明确其行为的意义。

(1) 动机的种类

动机对于活动的影响和作用有不同的方面,由此可以对动机进行不同的分类。

1) 内在动机和外在动机

根据动机的引发原因,可将动机分为内在动机和外在动机。内在动机是由活动本身产生的快乐和满足所引起的,它不需要外在条件的参与。个体追逐的奖励来自活动的内部,即活动成功本身就是对个体最好的奖励。如学生为了获得知识、充实自己而努力读书就属于内在动机。外在动机是由活动外部因素引起的,个体追逐的奖励来自动机活动的外部,如有的学生认真学习是为了获得教师和家长的好评等。内在动机的强度大,时间持续长;外在动机持续时间短,往往带有一定的强制性。事实上,这两种动机缺一不可,必须结合起来才能对个人行为产生更大的推动作用。

2) 主导性动机和辅助性动机

根据动机在活动中所起的作用不同,可将动机分为主导性动机与辅助性动机。主导性动机是指在活动中所起作用较为强烈、稳定、处于支配地位的动机。辅助性动机是指在活动中所起作用较弱、较不稳定、处于辅助性地位的动机。在儿童的成长过程中,活动的主导性动机是不断变化与发展的。事实表明,主导性动机与辅助性动机的关系较为一致时,活动动力会加强;彼此冲突,活动动力会减弱。

3) 生理性动机和社会性动机

根据动机的起源,可将动机分为生理性动机和社会性动机。生理性动机是与人的生理需要相联系的,具有先天性。人的生理性动机也受社会生活条件所制约。社会性动机是与人的社会性需要相联系的,是后天习得的,如交往动机、学习动机、成就动机等。

成就动机和交往动机被认为是两种主要的社会性动机。成就动机指个体在完成某种任务时力图取得成功的动机。麦克莱伦认为,各人的成就动机都是不相同的,每一个人都处在一个相对稳定的成就动机水平;交往动机指个体愿意与他人接近、合作、互惠,并发展友谊的动机。

(2) 需要、动机与行为

需要和动机是有区别的。需要是人积极性的基础和根源,动机是推动人们活动的直接原因。人类的各种行为都是在动机的作用下,向着某一目标进行的。而人的动机又是由于某种欲求或需要引起的。

但不是所有的需要都能转化为动机,需要转化为动机必须满足两个条件。

第一,需要必须有一定的强度。就是说,某种需要必须成为个体的强烈愿望,迫切要求得到满足。如果需要不迫切,则不足以促使人行动以满足这个需要。

第二,需要转化为动机要有适当的客观条件,即诱因的刺激,它既包括物质的刺激也包括社会性的刺激。有了客观的诱因才能促使人去追求它、得到它,以满足某种需要;相反,就无法转化为动机。例如，人处荒岛，很想与人交往，但荒岛缺乏交往的对象(诱因)，这种需要就无法转化为动机。

可见，人的行为动力是由主观需要和客观事物共同制约决定的。按心理学所揭示的规律，欲求或需要引起动机，动机支配着人们的行为。当人们产生某种需要时，心理上就会产生不安与紧张的情绪，成为一种内在的驱动力，即动机，它驱使人选择目标，并进行实现目标的活动，以满足需要。需要满足后，人的心理紧张消除，然后又有新的需要产生，再引起新的行为，这样周而复始，循环往复。

(3) 动机的功能

动机是在需要的基础上产生的，它对人的行为活动具有 3 种功能：

1) 激活的功能

动机能激发一个人产生某种行为，对行为起着始动作用。例如，一个学生想要掌握电脑的操作技术，他就会在这个动机驱动下，产生相应的行为。

2) 指向的功能

动机不仅能唤起行为，而且能使行为具有稳固和完整的内容，使人趋向一定的志向。动机是引导行为的指示器，使个体行为具有明显的选择性。例如，一个学生确立了为从事未来实践活动的学习动机，在其头脑中所具有的这种表象可以使之力求注意他所学的东西，为完成他所确立的志向而不懈努力。

3) 维持和调整的功能

动机能使个体的行为维持一定的时间，对行为起着维持作用。当活动指向于个体所追求的目标时，相应的动机便获得强化，因而某种活动就会持续下去；相反，当活动背离个体所追求的目标时，就会降低活动的积极性或使活动完全停止下来。需强调的是，将活动的结果与个体原定的目标进行对照，是实现动机的维持和调整功能的重要条件。

由于动机具有这些作用，而且它直接影响活动的效果，因而研究和分析一个人的活动动机的性质、作用是非常重要的。

2.6.2 激励

(1) 激励的概念

激励(motivate)指的是鼓舞、指引和维持个体努力指向目标行为的驱动力，它对行为起着激发、加强和推动的作用。受到高度激励的组织员工会努力工作，以实现绩效目标。

激励的含义可以从以下几个方面理解：

- 激励有一定的被激励对象。
- 激励是研究人的行为是由什么激发并赋予活力的。这指的是人们自身有什么样的内在能源或动力，能驱动他们以一定方式表现出某一特定行为，以及有哪些外在的因素触发了此种活动。
- 是什么因素把人们已被激活的行为引导到一定方向上去的。这指的是人的行为总是指向一定的目的物。总是有所为而发的。
- 这些行为如何保持与延续。这个问题的考察不仅要着眼于人的内在因素，而且要分析环境中有哪些外在因素对这些行为产生影响，从而影响行为内驱力的强度及行为活力的发散方向或怎样为行为导向。

激励的实质就是通过目标导向，使人们出现有利于组织目标的优势动机并按组织所需要的方向行动。

激励的目的是调动积极性。所谓积极性是指人们从事某项活动的意愿及行为的准备状态。积极性有其自身形成和变化的规律，激励就是按照积极性的运动规律，对人们施加一定的影响，促使其积极性的形成，并按预定的方向发展。

(2) 激励理论

20 世纪二三十年代以来，国外许多管理学家、心理学家和社会学家结合现代管理的实践，提出了许多激励理论。主要的激励理论可以分为三大类，分别为内容型激励理论、过程型激励理论和行为改造型激励理论。

内容型激励理论是针对激励的原因与起激励作用的因素的具体内容进行研究的理论。代表理论有需要层次理论和双因素理论。

过程型激励理论是研究从人的动机产生到最终采取行动的心理过程的理论。它的主要任务是找出对行为起决定作用的某些关键因素，弄清它们之间的相互关系，以预测和控制人的行为。代表理论有期望理论和公平理论。

行为改造型理论是研究如何改造和转化人们的行为，使其达到目标的一种理论。代表理论是强化理论和挫折理论。

【扩展阅读】

一些常见的激励理论

需要层次理论

需要层次理论(Maslow's Hierarchy of Needs)是最著名的激励理论，是行为科学家试图揭示需要规律的主要理论，这种理论主要研究人的需要结构。是美国心理学家马斯洛(Abraham Harold Maslow, 1908—1970 年)提出来的。

马斯洛把人的需要划分为五个层次：生理需要、安全需要、社交需要、尊重需要、自我实现需要。一般而言，生理和安全需要属于较低层次的需要；社交、尊重和自我实现的需要，则属于较高层次的需要。马斯洛的需要层次论是组织行为学中激励理论的基石，他所提出的需要层次性的观点反映了社会的现实，所提出的人类需要自低级到高级逐步满足的次序也大体上符合人的本性，能够帮助管理者管理好组织。了解员工的需要是应用需要层次论对员工进行激励的一个重要前提。在不同的组织中、不同的时期的员工以及组织中不同的员工的需要充满差异性，而且经常变化。因此，管理者应该经常性地用各种方式进行调研，弄清员工未得到满足的需要是什么，然后有针对性地进行激励。

双因素理论

双因素理论，又叫“激励-保健理论”(Motivation-Hygiene Theory)，是美国的行为科学家弗雷德里克·赫茨伯格(Fredrick Herzberg)提出来的。

赫兹伯格认为企业中影响人的积极性的因素可按其激励功能不同，分为激励因素和保健因素。激励因素是指和工作内容紧紧联系在一起的因素，包括工作本身、认可、成就和责任。这类因素的改善，往往能给员工以很大程度的激励，产生工作的满意感，有助于充分、有效、持久地调动员工的积极性。保健因素是指和工作环境或条件相关的因素，包括公司政策和管理、技术监督、薪水、工作条件以及人际关系等。这些因素处理不当，或者说这类因素需要得不到基本的满足，会导致员工的不满，甚至严重挫伤其积极性；反之，满足这些需要则能防止员工产生不满情绪。这就是双因素理论。

期望理论

期望理论(Expectancy Theory)是美国著名心理学家和行为科学家维克托·弗鲁姆(Victor H. Vroom)1964年提出来的激励理论。

弗鲁姆认为，人总是渴求满足一定的需要和达到一定的目标，此目标又对激发人的动机有影响，这个激发力量(Motive Force)的大小，取决于目标价值(Valence)和期望概率(Expectancy)。用公式表达就是：

$$\mathrm{MF} = E \times V$$

这一公式表明，一个人对他所追求的目标的价值看得越大，估计能实现这目标的概率越高，那么他的动机就越强烈，激励的水平也越高，内部潜力也能充分调动起来。

期望理论揭示了这一规律：个人对目标的理解和重视程度直接影响到他的实现目标的动机和行为。可以说，个人的这种理解和重视程度要比管理者的理解和重视程度重要得多。因为目标是靠每个成员去达到的。这就启发我们，宣传教育是必不可少的。

公平理论

公平理论(Equity Theory)是美国心理学家亚当斯(J. S. Adams)于1962年提出的。

该理论认为职工对收入的满足程度是一个社会比较过程。一个人对自己的工资报酬是否满意，不仅受收入的绝对值的影响，也受相对值的影响。每个人总会把自己付出的劳动和所得的报酬与他人作比较，也同个人的历史收入作比较。如果个人比率(报酬/贡献)与他人比率相等，他就会认为公平、合理，从而心情舒畅，努力工作。否则，就会感到不公平而降低工作积极性。

亚当斯的公平理论对我们很有借鉴价值。因为公平感是普遍存在的一种心理现象，它不仅表现在工资收入比较上，在待遇、受尊重、奖励、表扬、晋级、态度等方面的比较时，人们都可以产生公平感或不公平感。所以我们一方面应当通过宣传教育工作，设法改变引起人们不公平感的现实；另一方面，要引导人们尽可能客观地进行人际比较，正确地评价他人，用正确观点看待社会主义初级阶段中必要的或暂时的差别。

强化理论

强化理论(reinforcement theory)是由美国哈佛大学心理学家斯金纳(Skinner)提出的，着重研究人的行为的结果对行为的反作用。强化是心理学术语，指通过不断改变环境的刺激因素来达到增强、减弱或消失某种行为的过程。人们可以用这种强化的办法来影响行为的后果，从而修正其行为，这就是强化理论，也叫做修正理论。

挫折理论

挫折理论是由美国的亚当斯提出的，挫折是指人类个体在从事有目的的活动过程中，指向目标的行为受到障碍或干扰，致使其动机不能实现，需要无法满足时所产生的情绪状态。挫折理论主要揭示人的动机行为受阻而未能满足需要时的心理状态，并由此而导致的行为表现，力求采取措施将消极性行为转化为积极性、建设性行为。

人受挫折后的行为表现可分为三种：

1. 积极的心理自我防卫形式

这是对挫折的理智性对抗行为，它是在理智的指导下采取的形式。

- 升华。个体将敌对、愤懑等消极情绪转化为奋发图强、争取上进等积极情绪。
- 增强努力。当发现目标难以达到,就要求自己作出加倍努力、鼓起勇气实现目标。
- 改变策略再作尝试:当发现目标无法实现,或者降低目标或者重新选择达到目标的方法。
- 补偿。目标受阻,暂时放弃,以另一方面的成功来加以补偿。

2. 消极的心理自我防卫形式

这是一种非理智的对抗行为,在心理学上又称为消极的适应或防卫。

- 攻击行为。如动手打人、迁怒于他人或物品等。
- 固执行为。不分析失败原因,总结教训,而是盲目地重复某种无效动作。
- 倒退。表现出一种与自己身份很不相称的幼稚行为,像孩子一样地依赖他人。
- 逆反。遇到挫折后,一意孤行,盲目地持反抗、抵制与排斥态度。
- 厌世情绪。

3. 妥协的心理自我防卫形式

这种形式既不具积极意义,也不具消极意义,而是采取一种折中的办法来对待其所遇到的挫折,以消除心理上的不平静。

- 自我安慰(合理化)。找出种种理由为自己辩解,进行自我安慰。
- 自我整饰。把心理上的烦恼、焦虑统统埋藏在内心深处,掩盖自己的真实情绪,显示自己的长处,以提高他人对自己的评价,从而减轻心理压力,以弥补失败所带来的自尊心上的挫折。
- 责任推诿。当个体遭到挫折后,把责任推给他人,埋怨他人,以减轻自己的焦虑与不安。

(3) 激励理论的应用

无论何时何地,你都要尽可能给自己找到一种能表达赞赏、认可的方法。对他人的努力表示认可能增强团队中友善与积极的能量,同时也让你看上去像团队大家庭的一员、一个好员工或者一个好的管理者。

事实上,激励别人是很容易的。亲热地拍拍人家的背,一个友善的微笑,一句发自内心的赞扬都是激励。就企业来说,一般采取的激励形式有很多,如工作激励、成果激励、批评激励、培训教育激励等,当代发展的激励形式也不少,如绩效工资、分红、员工持股计划、总奖金、知识工资、灵活的工作日程等。

无论运用何种激励方式,都要牢记如下激励原则:

目标结合原则:在激励机制中,设置目标是一个关键环节。目标设置必须同时体现组织目标和员工需要的要求。

物质激励和精神激励相结合的原则:物质激励是基础,精神激励是根本。在两者结合的基础上,逐步过渡到以精神激励为主。

引导性原则:外激励措施只有转化为被激励者的自觉意愿,才能取得激励效果。因此,引导性原则是激励过程的内在要求。

合理性原则:激励的合理性原则包括两层含义,其一,激励的措施要适度。要根据所实现目标本身的价值大小确定适当的激励量;其二,奖惩要公平。

明确性原则:激励的明确性原则包括三层含义,其一,明确。激励的目的是需要做什么和必须怎么做。其二，公开。特别是分配奖金等大量员工关注的问题时，更为重要。其三，直观。实施物质奖励和精神奖励时都需要直观地表达它们的指标，总结和授予奖励和惩罚的方式。直观性与激励影响的心理效应成正比。

时效性原则：要把握激励的时机，“雪中送炭”和“雨后送伞”的效果是不一样的。激励越及时，越有利于将人们的激情推向高潮，使其创造力连续有效地发挥出来。

正激励与负激励相结合的原则：所谓正激励就是对员工的符合组织目标的期望行为进行奖励。所谓负激励就是对员工违背组织目的的非期望行为进行惩罚。正负激励都是必要而有效的，不仅作用于当事人，而且会间接地影响周围其他人。

按需激励原则：激励的起点是满足员工的需要，但员工的需要因人而异、因时而异，并且只有满足最迫切需要（主导需要）的措施，其效用才高，其激励强度才大。因此，领导者必须深入地进行调查研究，不断了解员工需要层次和需要结构的变化趋势，有针对性地采取激励措施，才能收到实效。

第三章　群体行为

3.1 群　体

3.1.1　群体行为的一般问题

（1）群体的概念与类型

群体(group)被定义为:为了实现某个特定的目标,两个或两个以上相互作用、相互依赖的个体的组合。群体有正式群体和非正式群体之分。正式群体(formal group)是指由组织结构确定的、职务分配很明确的群体。在正式群体中,一个人的行为是由组织目标规定的,并且是指向组织目标的。相反,非正式群体(informal group)是那些既没有正式结构,也不是由组织确定的联盟,它们是组织成员为了满足社会交往的需要在工作环境中自然形成的。来自于不同部门的 3 个员工定期在一起共进午餐就是非正式群体的一个例子。

至于个人加入群体的动机,不是列举一两种原因就能解释清楚的。由于大多数人同时属于多个群体,显而易见,对个人来说,不同群体为成员提供不同的利益,满足个人不同的需要。表 3-1-1 概括了人为什么要加入群体的一些常见原因。

表 3-1-1　人加入群体的常见原因

安全需要	通过加入一个群体,个体能够减小他独处时的不安全感。个体加入到一个群体之中后,会感到自己更有力量,自我怀疑会减少,在威胁面前更有韧性
地位需要	加入一个被别人认为是很重要的群体中,个体能够得到被别人承认的满足感
自尊需要	群体能使其成员觉得自己活得很有价值。也就是说,群体成员的身份除了能够使群体外面的人认识到群体成员的地位之外,还能够使群体成员感受到自己存在的价值
情感需要	群体可以满足其成员的社交需要。人们往往会在群体成员的相互作用中感受到满足。对许多人来说,这种工作中的人际相互作用是他们满足情感需要的最基本的途径
权力需要	有些东西是单个人无法实现的,但是通过群体活动却可能实现。权力就是其中之一
实现目标的需要	有时,为了完成某种特定的目标需要多个人的共同努力,需要集合众人的智慧、力量。在这种时候,主管人员就要依赖正式群体来完成目标

（2）群体的发展阶段

群体的发展是一个动态过程,大多数群体都处于不断变化的状态下。虽然群体可能永远也达不到彻底稳定的状态,但我们依然可以用一个一般模式来描述大多数群体的发展历程。研究表明,群体发展经过了 5 个标准的阶段,这 5 个阶段分别是形成阶段、震荡阶段、规范阶段、执行阶段和解体阶段,见图 3-1-1。

形成阶段(forming)包括两个部分。首先,人们加入群体可能是由于组织的工作分配,

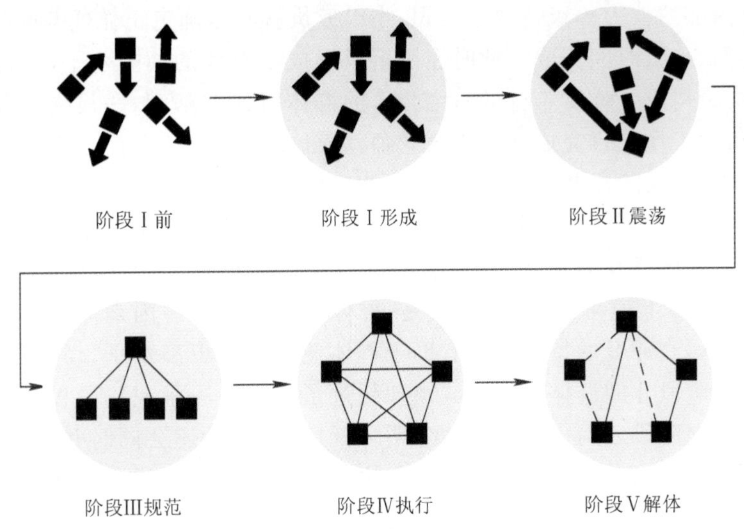

图 3-1-1　群体发展的 5 个阶段

如在正式群体中的情况;也可能是希望得到其他效益(如地位、自尊、权力、归属感、安全感),如在非正式群体中的情况。

一旦确定了群体成员,形成阶段的第二部分就开始了,即界定群体的目标、结构、领导层等工作。这一阶段以极大的不确定性为特点。成员们常常是"摸着石头过河",以了解哪类行为方式能够被群体所接受。当群体成员开始把自己视为群体的一分子思考问题时,这一阶段就算结束了。

震荡阶段(storming)是一个突显内部冲突的阶段。此时群体成员虽然接受了群体的存在,但却抵制着群体对个体所施加的控制。进一步,在由谁控制群体的问题上出现了冲突。这一阶段结束时,群体内部出现了比较明朗的领导层级,群体成员在发展方向上也达成了共识。

在规范阶段(norming),密切的群内关系得以发展,同时群体也表现出了内聚力。这时成员有一种强烈的群体认同感和志同道合感。当群体结构比较稳固,群体成员也对什么是正确的成员行为达成共识时,规范阶段就结束了。

在执行阶段(performing),此时群体的结构发挥着最大作用,并得到广泛认同。群体的主要精力从相互认识和了解进入完成当前的工作任务上。

对长期工作群体来说,执行阶段是其发展历程的最后一个阶段。但对于临时群体,比如临时委员会、特别行动小组或其他类似团队,它们是为完成某种具体任务而建立,因此还存在解体阶段(adjourning)。这一阶段中,群体为解散做好准备。高工作业绩不再是群体关注的头等大事;取而代之的是,人们关注于如何做好善后工作。在此阶段群体成员的反应各不相同:一些人为群体所取得的成就而兴奋不已,心满意足;也有一些人则可能为即将失去在群体生活中所获得的和谐与友谊而闷闷不乐、郁郁寡欢。

大多数人都有在课堂上参加小组活动的经验,也都经历过群体发展的每一个阶段。首先,小组成员被选定之后,他们就有了第一次碰面。这个时期人们都在"揣摩和试探"小组要做什么以及如何去做。接下来通常是一场控制权的争夺战:谁将统率群体?一旦这个问题得到解决，小组内部的权力等级达成了共识，小组成员就开始确定工作任务的具体内容是什么，谁来完成它们，什么时间完成。此时在小组里形成了总体的期望水平，并得到每个成员的认可。这些决策构成了你所希望的一个合作的群体努力的基础，并最终导致项目的成功完成。一旦小组的工作项目完成并上交给老师，小组也就宣告解散了。当然，也有一些小组一直未能走出阶段Ⅰ或阶段Ⅱ，通常这些小组的工作水平令人失望，成绩不会太好。

根据前面的讨论能否这样推断，当群体一路经历了4个阶段后，它就会更为有效？有些研究者认为，工作群体所在的阶段越高，它们的效率也会越高，但实际情况并非如此简单。尽管这种假设从总体上说可能是对的，可是，群体的效率由哪些因素决定这一问题十分复杂。在某些条件下，高冲突的特点反而有助于群体业绩达到更高水平。我们都可能看到过这样的情境，处在阶段Ⅱ的群体的工作成绩却超过了处于阶段Ⅲ或阶段Ⅳ的工作群体。另外，群体的各个发展阶段之间也并非泾渭分明，有时几个阶段还会同时并存。例如，一方面群体正处于震荡和调整之中；另一方面它又在执行任务。甚至偶尔一些群体还会倒退回先前的发展阶段中。因此，不应该想当然地认为，所有群体都精确无疑地顺着这一发展历程向前发展。或者认为群体的阶段Ⅳ总是效益最好的。而是应该把这一模式视为一个总体框架，它提醒我们记住群体是一个动态发展的实体，它帮助我们更好地理解在群体发展过程中经常出现的一些现象和问题。即使是虚拟群体，如本章开篇“管理者困境”中描述的例子，它们在完成任务时也经历着群体发展的各个阶段。

（3）群体的结构

工作群体不是一群无组织的乌合之众，是有结构的，群体结构塑造着群体成员的行为，使我们有可能解释和预测群体内部大部分的个体行为以及群体本身的绩效。群体结构包括哪些内容呢？主要包括角色、规范、地位、群体规模以及内聚力等。

研究群体结构问题有着重要的实际意义。现代化的大型组织必须有一个坚强、团结、紧密合作的领导班子，群体成员的结构对群体的工作效率有很大影响。群体成员搭配得当，会使群体协调一致，紧密团结，提高工作效率；群体成员搭配不当，会使群体涣散，成员之间互相扯皮，经常发生冲突，降低工作效率。

各国学者长期以来研究了群体结构的同质和异质问题。所谓同质是指群体的成员在能力、性格、年龄、知识等各方面都比较接近。所谓异质是指上述各方面都迥然不同。群体究竟应为同质结构还是应为异质结构，则要以工作的性质、完成的任务而定。

1）群体中的角色结构

角色就是每一成员在群体中表现出的自己特定的行为模式。几乎在任一群体中，都可以看到成员有3种典型的角色表现，这就是自我中心角色、任务中心角色和维护角色。这些不同的角色对群体绩效会产生不同的影响。任务角色和维护角色都起积极作用。每一个群体不仅要完成任务，而且要始终维持自己的整体。而成员的任务角色和维护角色的作用正是为达到这两个目的。研究发现，现在任务角色、维护角色和群体绩效之间有正比关系。

2）群体成员的地位

地位是指个人在群体中所占的社会位置。在不同的群体中，地位取决于不同的因素。这将影响到群体的绩效。一般认为，如果成员在群体中的地位取决于能力而不是资历，取决于成就而不是头衔，那么，成员们就会为了争取更高的地位而充分施展自己的才能、做出最大成就。对整个群体的绩效将产生积极的作用，使群体绩效得以提高。

3）群体规范

群体规范(group norms)，是由群体成员们建立的行为准则。任何一个群体都有规范，否则，群体将难以存在下去。规范指导成员的行为朝向群体的目标。管理人员应该注意群体的规范是否与组织目标一致，因为规范对成员行为有着强大的影响力。

阿希实验

个体都希望被自己所属的群体接纳，所以他们对遵从规范的压力非常敏感。索罗门·阿希(Solomon Asch)的研究揭示，这种遵从压力对群体成员的判断和态度都会造成影响。在群体遵从实验中，阿希将被试者编成7～8人的小组，让他们对两张卡片进行比较。一张卡片上画有一条直线，另一张卡片上则画有三条长短不一的直线，其中一条与上述卡片中的单一直线一样长(见图3-1-2)。实验主试让小组中每一个成员逐一大声报告三条线中哪一条与单一直线一样长。阿希想知道如果小组中其他成员一开始就给出了错误答案，会出现什么后果。此时遵从群体规范的压力会不会促使个体改变自己的答案以使自己与别人保持一致？研究者"操弄"了实验过程，在小组中除了最后一名成员(真被试)之外，其余成员均被事先告知要报告一个明显错误的答案，并在研究开始之前对他们进行了一两轮匹配练习。经过反复实验，发现三分之一的真被试遵从了群体规范，也就是说，虽然被试者明知这种答案是错误的，但为了与群体其他成员的意见一致，他们还是顺从了别人的回答。

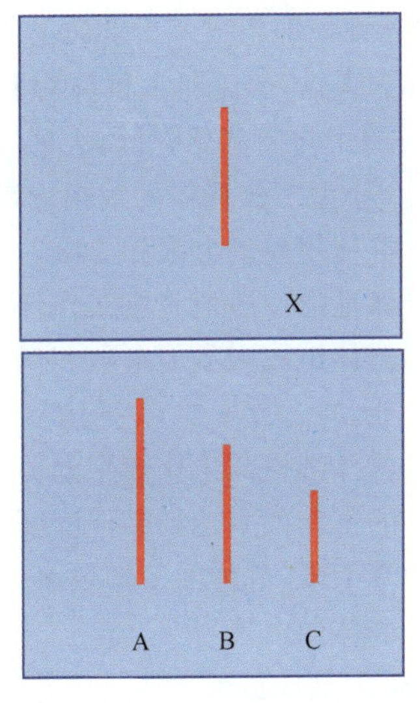

图3-1-2　阿希实验中使用的卡片

从这项研究中可以得出什么结论？这一试验结果表明，群体规范迫使我们遵从群体意见。我们希望自己成为群体的一员，并努力避免与群体的明显不一致。进一步地概括，在群体中当个体对客观情况的看法与其他人截然不同时，他会感受到巨大的压力，进而会调整自己的观点以顺从其他人的观点。

群体规范主要功能如下：

群体支柱的功能：群体规范是一切群体得以维持、巩固和发展的支柱。群体内的成员是根据规范来互相认同的。因此，一个群体的规范越标准化、特征化，成员间的关系也越紧密，整个群体也越集中。反之，一个群体的规范标准化程度越低，整个群体就越松散。

评价准则的功能：群体规范作为行为参照的标准，赋予个体言语、行为以一定的意义，从而直接制约着在交往过程中人们对事物的知觉判断、态度和行为。群体规范为成员提供了共同的心理参考原则，用以作为衡量成员言行的标准。

对群体成员的约束功能：群体规范是一种多数人的意见，要求成员行为趋于一致，它约束人的行为，并把人的行为限制在一个中等水平上。群体规范强大的动力功能主要是通过舆论发挥出来的。舆论是群体中大多数人对某一行为或事件的共同意见。当群体中出现某一超常行为或特殊事件时，人们根据当时本群体的规范对这些行为或事件作出内容一致的判断或评论。这种判断或评论是带有一定情绪色彩的，使个体感到巨大的压力，是规范力量的显示。群体规范指示了人们需要满足的方式，指出了相应的行为目标。也就是告诉人们为了满足个人的需要，应该做些什么和不该做什么。

行为矫正功能：群体成员如果违反了规范，就会受到群体舆论的压力，迫使它改变行为，与群体成员保持一致，因此群体规范具有矫正功能。当一个人在群体与多数人的意见有分歧时，会感到群体的压力。有时这种压力非常大，会迫使群体成员违背自己的意愿产生完全相反的行为。社会心理学中把这种行为叫做“从众”。

在管理中应重视群体压力和顺从现象。一般来说，应避免采取群体压力的方式压制群体成员的独创精神，但也不能认为群体压力只有消极作用，对于群体成员的不良行为给予适当的压力是必要的。

4）群体规模

群体规模即组成一个群体的人数多少。其对群体行为的影响曾被广泛研究，人们发现，小群体（7 人以下）比起大群体往往内聚力更强，更倾向于寻求一致性；随着群体规模的增大，成员的工作满意感降低；大群体比起小群体决策速度慢。

一个小型工作群体的规模应该多大，其成员人数应有多少？主要考虑 3 个方面：

- 群体规模的上限和下限。应根据工作任务的性质确定群体人数的下限，这个下限应保证能一般地完成工作任务。
- 群体组成人员的奇数和偶数问题。当成员为奇数时，可以降低投票时出现僵局的可能。
- 群体规模与工作效率的关系。应确定群体规模的最适当人数，这个人数能保证群体的工作效率达到最佳程度。群体规模的上限应确定在这样的人数上，如果超过了这个上限，群体的工作效率会急剧下降。

5）群体的内聚力

内聚力是成员被群体吸引并愿意留在群体内的程度。顾名思义，内聚力指的是群体成员彼此之间的“黏合力”。没有内聚力，一群人不能被称作是一个群体。

影响内聚力强弱的主要因素有：

- 工作任务的目标结构。群体成员的任务如果互不相关，就会削弱群体内聚力；相反，把个人与群体的任务目标结合起来，就会增强群体的内聚力。
- 群体的领导方式。不同的领导方式对群体内聚力有不同的影响。K. 莱温等人于 1939 年进行的实验比较了“民主”、“专制”和“放任”3 种领导方式下各实验组的效率和群体气氛。结果发现，采用“民主”领导方式的组比其他组成员之间更友爱，思想更活跃。群体的内聚力也更强。
- 群体内部的奖励方式。不同的奖励方式对群体成员的情感和期望有不同的影响。采用个人与群体相结合的奖励方式有利于增强群体内聚力。
- 群体内人际关系。良好的人际关系会产生较大的吸引力，而紧张的人际关系会削弱这种吸引力。
- 外界影响。研究表明，外来的威胁和同周围其他的群体竞争会增强群体成员的认同感与归属感，也会增强群体的内聚力。
- 群体成员的个性特征，以及群体规模等。

研究表明，一般情况下高内聚力群体的工作效率胜过低内聚力群体。但内聚力与工作效率之间的关系相当复杂，其中一个关键的中间变量是群体的态度与群体的正式目标（或组织的目标）之间的一致性程度。群体的内聚力越高，成员越会遵从群体的目标。如果这些群体目标对组织有利（如高产出、高工作质量、与组外人士保持良好的协作关系），这个高内聚力群体的生产率就会高于低内聚力群体；如果群体内聚力高，但其目标对组织的正式目标不利，则群体生产率便会降低；如果群体内聚力低，但群体目标是有利于组织的，群体生产率也会提高，但不如内聚力高且目标有利于组织时那么高；如果群体内聚力低，而且它的目标也不支持组织，则内聚力对生产率的影响不显著，见图 3-1-3。

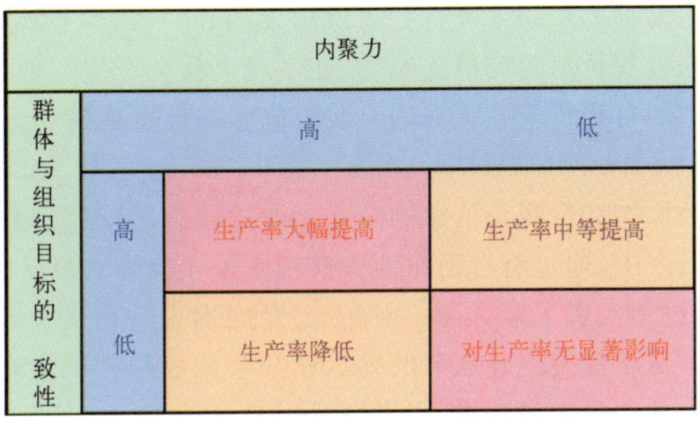

	内聚力	
群体与组织目标的一致性	高	低
高	生产率大幅提高	生产率中等提高
低	生产率降低	对生产率无显著影响

图 3-1-3　群体内聚力与生产率之间的关系

3.1.2　群体中的人际关系

人际关系，是人们在进行物质交往和精神交往过程中发生、发展和建立起来的人与人之间的关系，是人们依靠某种媒介，通过个体交往形成的信息和情感、能量和物质交流的有机渠道。人际关系实质是一种社会关系，它包含在社会关系体系之内，而社会关系有更为广阔的内容，它只能通过各种复杂的人际关系表现出来。

千差万别、千变万化的人际关系，其内容大致可分为两个方面：一方面是物质关系，即以生产、生活物质为条件的交往，如生产资料的占有方式、商品交换过程、经济分配形式等。另一方面是精神关系，即以语言、思想、感情为媒介的交往，如思想的传播、情绪的感染、感情的交流等。

从时空角度看，人际间的关系是多维的、可变的。按不同的标志可以把人际关系分成许多类型：

- 按人际关系的结构分，人际关系可分为经济关系、政治关系、法律关系和伦理关系。
- 按人际关系形成的纽带分，人际关系可分为亲缘关系、地缘关系、业缘关系。

（1）人际关系的重要意义

良好的人际关系是社会正常运转的润滑剂，和谐、友好、积极、亲密的人际关系是社会生活中人与人之间进行交往的基础。它对人们的日常生活以及各种社会活动都是必不可少的。所以创建良好的人际关系具有十分重要的意义。

1）人际关系可以促进个人的社会化进程

人际交往是个人社会化的起点和必经之路。社会化即个人学习社会知识、生存技能和文化，从而取得社会生活的资格，开始发展自己的过程。如果没有其他个体的合作，个人是无法完成这个过程的。人只要活着，不管你愿意或自觉与否，都必须与人进行交往。人一生的成长、发展、成功，无不与同他人的交往相联系。从人际关系中得到信息、机遇、扶助就可能助你走上一条成功之路。现代科学技术的发展使我们越来越依靠群体的力量，人与人之间的情感沟通和智力交往使某些工作出现质的飞跃，这种“群体效应”已越来越成为各项工作的推动力。这种效应的出现主要是在人际互动和交往中实现的。在交往过程中，彼此互相学习，共同提高，可产生 1+1>2 的智力共振。

2）人际交往是人确立自我价值感的需要

人是一种理性的动物。从一个人自我意识出现的那一天起，他就开始用一定的价值观来进行自我评判。当自我价值得到确立时，人在主观上就会产生一种自信、自尊和自我稳定的感受。这就是所谓的自我价值感。人的自我价值感一旦得到确立，生活就会富有意义，使人充满生活的热情。

人的自我意识的保持和自我价值感的确立是通过社会比较过程来实现的。一个人只有将自身置于社会背景之中，通过将自己与别人进行比较才能确立自己的价值。所以，人需要了解别人，也需要通过别人来了解自己。因此，需要同别人进行交往，需要同别人建立并保持一定的人际关系。对于社会比较现象的揭示和社会比较规律的发现，是社会心理学家近年来的杰出贡献。大量的科学研究揭示，人们对于自己的能力、性格与心理状态的评价，以及对人、对事、对物所持有的看法，常常是不确定的。人们要想在这些方面作出明确的判断，必须通过将自身的状况与他人的状况进行比较，找到一个参照系，并确定了自己在这一参照系中的位置之后，才能形成明确的自我评价。

3）人际交往是人身心健康的需要

我国著名的医学、心理学专家丁攒教授曾指出：“人类的心理适应，最主要的就是对人际关系的适应”。现代心理学研究表明，人类的心理病态大多是由于人际关系失调所致。

心理学家研究发现，如果一个人长期缺乏与别人的积极交往，缺乏稳定而良好的人际关系，这个人往往就有明显的性格缺陷。如在青少年心理咨询中发现，绝大多数青少年的心理危机都与缺乏正常的人际交往和良好的人际关系相联系。心理学家专门研究了身体、智力和心理健康水平都很优秀的宇航员、研究生和大中学生，得出了一个共同的结论，即心理健康水平高的人同别人的交往以及人际关系都很好。他们有着一系列有利于积极交往和建立良好人际关系的个性特点，如友好、可靠、替别人着想、温厚、诚挚、信任别人等。这些研究还发现那些心理健康水平高者，往往来自于人际关系状况良好的幸福家庭，这从一个侧面提供了人际关系状况影响个性发展和健康的佐证。

4）人际关系是个人获取成功的重要条件

人类要想生存和顺利发展，一个很重要的前提就是通过人与人之间的交往，通过各种关系相互分工和合作，从而达到目的。在我们为事业而奋斗的过程中，同样也需要他人的帮助与合作。因为一个人的能力毕竟是有限的，通过与他人合作，互取所长，事业和成功才会有希望。在现代社会中，要做到万事不求人，几乎是不可能的。西奥多·罗斯福说，成功的第一要素是懂得如何搞好人际关系。洛克菲勒说，我愿意付出比天底下其他本领更大的代价去获得与人相处的本领。卡耐基说，在现代社会中，一个人的成功 15％靠他的专业技术与创造，85％靠他的人际关系。

(2) 人际关系的基本规律

吸引接近规律：一些美好的东西，总能吸引人。如外貌吸引、言语吸引、才华吸引、学识吸引、名望吸引等。

趋同离异规律：人们在交往过程中，总是喜欢接近和自己有某些相同点的人，而不喜欢接近和自己毫无相同之处的人。

互需互酬规律：人际关系是相互的，必须双方互动，互需是建立人际关系的思想基础，互酬是发展人际关系的重要条件。

交往深化规律：人际交往由浅到深，不断向纵深发展，这就是交往深化规律。

交互中和规律：人际关系双方，通常并不是完全均等的，而是互有差别，在交往过程中互相影响，逐渐接近，结果呈中和状态。这是人际关系建立、发展、完善的重要规律之一。

(3) 改善人际关系的途径

在组织中，改善人际关系必须从管理者和被管理者两个方面入手。组织的管理者应主动引导群体内的人际关系朝积极的方向发展，包括创造有利的群体环境和交往气氛，促进群体成员之间的相互交往；建立合理的组织结构，制订必要的措施；搞好民主管理，改善管理者与被管理者之间的关系；运用行为科学的理论和方法，培养和训练群体成员正确处理人际关系的能力，通过细致的思想工作理顺人们之间的各种关系等。组织成员应自觉地加强修养，包括树立正确的世界观；重视性格锻炼；加强自我意识；提高人际交往的技巧。

改善人际关系的方法有以下几种：

感情投资法。感情投资是对人倾注真挚、炽烈的感情，舍得在密切感情方面花本钱、下工夫，以争取人心，更好地发挥群体成员的积极性。

心理吸引法。心理吸引法是创设一种“心理磁力场”，设个吸引的中心，就能吸引群体成员团结一致，共同努力。

深层了解法。人们的交往是由浅入深的。礼仪交往，互相关照；功利交往，促使事情办成；感情交往，建立一定友谊；思想交往，成为知己。心理动力学认为，深入了解别人，是要经过一定层次的。

中和互补法。人们之间互有差别，互有需求，互有补偿，相互接近，逐渐中和，成为好朋友，使群体达到和谐的状态。

求同存异法。人们交朋结友，只要政治原则、基本倾向相同，至于个性特点、习惯爱好、生活情趣等有差异，不妨求大同，存小异，做到大事讲原则，小事讲风格，在枝节问题上不苛求于人，同样可以成为好朋友。

排难解纷法。朋友之间遇到了困难，在其最需要帮助的时候，伸出手来帮助他排难解纷，表示同情和支持，最能获得对方的感激，最容易结成亲密的友谊。

3.2　工作团队

在当今社会中，团队越来越成为组织工作的主要方式。20 年前，丰田、沃尔沃等公司将团队引入生产过程中时，曾轰动一时。很多媒体追击报道这些团队的工作过程和事迹。但 20 年后的今天，如果哪个公司没有采用团队形式，则会成为新闻。仅仅 20 年的时间，团队已经如此普及，渗透到各个优秀企业、各个部门，甚至政府部门都将领导团队作为不可忽略的环节进行建设，是什么原因？图 3-2-1 中总结了一些原因。

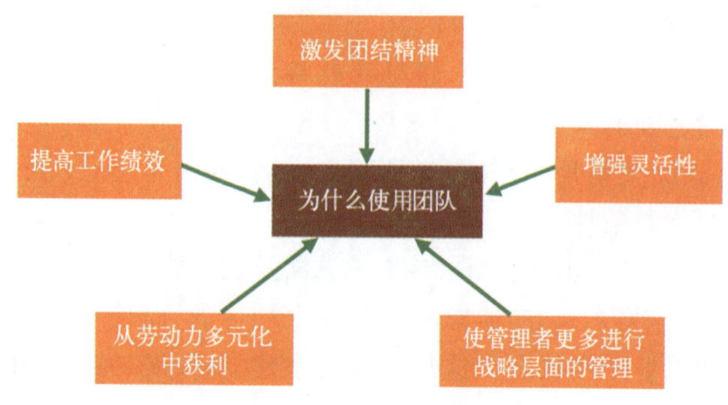

图 3-2-1 工作团队普及流行的原因

3.2.1 工作团队的概念与构成要素

有多少教科书就有多少种关于团队的解释，这里把工作团队定义为：工作团队（work teams）是由少数为达到共同目标，具有互补技能和整套工作指标及方法并共同承担责任的人组成的人群集合。

（1）团队的构成要素

团队有几个重要的构成要素，总结为 5P。

1）目标（purpose）

团队应该有一个既定的目标，为团队成员导航，知道要向何处去，没有目标这个团队就没有存在的价值。

自然界中有一种昆虫很喜欢吃三叶草，这种昆虫在吃食物的时候都是成群结队的，第一个趴在第二个的身上，第二个趴在第三个的身上，由一只昆虫带队去寻找食物，这些昆虫连接起来就像一节一节的火车车厢。管理学家做了一个实验，把这些像火车车厢一样的昆虫连在一起，组成一个圆圈，然后在圆圈中放了它们喜欢吃的三叶草。结果它们爬得精疲力竭也吃不到这些草。

这个例子说明在团队中失去目标后，团队成员就不知道向何处去，最后的结果可能是饿死，这个团队存在的价值可能就要打折扣。团队的目标必须跟组织的目标一致，此外还可以把大目标分成小目标具体分到各个团队成员身上，大家合力实现这个共同的目标。同时，目标还应该有效地向大众传播，让团队内外的成员都知道这些目标，有时甚至可以把目标贴在团队成员的办公桌上、会议室里，以此激励所有的人为这个目标去工作。

2）人（people）

人是构成团队最核心的力量。3 个以上（含 3 个）的人就可以构成团队。

目标是通过人员具体实现的，所以人员的选择是团队中非常重要的一个部分。在一个团队中可能需要有人出主意，有人订计划，有人实施，有人协调不同的人一起去工作，还有人去监督团队工作的进展，评价团队最终的贡献。不同的人通过分工来共同完成团队的目标，在人员选择方面要考虑人员的能力如何，技能是否互补，人员的经验如何。

3）团队的定位（place）

团队的定位包含两层意思：

团队的定位，团队在企业中处于什么位置，由谁选择和决定团队的成员，团队最终应对谁负责，团队采取什么方式激励下属？

个体的定位，作为成员在团队中扮演什么角色？是订计划还是具体实施或评估？

4）权限（power）

团队当中领导人的权利大小跟团队的发展阶段相关，一般来说，团队越成熟领导者所拥有的权利相应越小，在团队发展的初期阶段领导权相对比较集中。

团队权限关系的两个方面：

- 整个团队在组织中拥有什么样的决定权？比方说财务决定权、人事决定权、信息决定权。
- 组织的基本特征。比方说组织的规模多大，团队的数量是否足够多，组织对于团队的授权有多大，它的业务是什么类型。

5）计划（plan）

计划的两层含义：

- 目标最终的实现，需要一系列具体的行动方案，可以把计划理解成目标的具体工作的程序。
- 提前按计划进行可以保证团队的顺利进度。只有在计划的操作下团队才会一步一步地贴近目标，从而最终实现目标。

（2）工作团队与群体的差异

盖兹贝克与史密斯（1991）曾评论过，并非所有的群体都是团队（not all groups are teams）。他们指出，团队与群体基本的差异在于团队的队员是对其是否完成团队的共同目标一起承担成败责任，成则分享利益，败则分担责任，而群体则不是这样。再者，团队的最后成果是经由全体团队成员共同贡献心力所完成的，而且这个成果绝非个人可靠单独力量来完成。

巴克荷兹等人（Buchholz et al，1987）则从共同目标（common goals）、责任分享（shared responsibilities）和团队成果（outcomes）的观点来区别团队的3个发展阶段，以区别一群人、群体与团队的不同。巴克荷兹等人认为，团队是目标导向的，团队成员不仅了解团队的目标，认同团队的目标，并以团队目标作为其行动与决策的中心。除此之外，团队成员共同担负团队成败责任，团队成员视团队目标的达成为团队集体努力的成果。所以团队成员体认识到团队整体达成的成果必大于个别达成成果的总和（the whole is greater than the sum of the parts）。沙勒斯等人（1992）则认为，团队与群体的差别，在于团队的工作完成需要团队成员彼此交换工作信息与资源和协调工作活动。沙勒斯更进一步强调团队成员的相互依存性是区别群体与团队的主要要素。唯有团队成员具有相互依存性，才能使团队成员紧密地结合在一起，去完成团队的共同目标。

从这些差异性，不难区别何为群体，何为团队。举例言之，在一个班级内一起上课的人可说是一个群体。老师扮演着领导者的角色，学生着重的都是个人的成绩表现，老师评鉴学生的表现也是以个人的成绩为主。这个班级的目标也是与学校的使命相同，但这个班级的学生之间，并不具有不同知识、技能或经验，也就是不具相互依存性。因此，这个班级只能称为群体而非团队。

3.2.2 工作团队的类型

根据团队存在的目的和拥有自主权的大小可将团队分成以下几种类型：问题解决型团队、自我管理型团队、交叉功能型团队和虚拟团队。

(1) 问题解决型团队

问题解决型团队的核心点是提高生产质量、提高生产效率、改善企业工作环境等。在这样的团队中成员就如何改变工作程序和工作方法相互交流，提出一些建议。成员几乎没有什么实际权利来根据建议采取行动。

20 世纪 80 年代最流行的一种问题解决型团队是 QC(Quality Control)小组，这是一个在工作岗位上从事各种劳动的职工，以改进质量为目的组织起来，运用质量管理的理论和方法开展活动的小组。他们首先要找到质量方面存在哪些问题，接下来在众多问题中选择一些必须马上解决的，然后进行问题的评估，在此基础上，提出几种解决问题的推荐方案，然后是评估方案。最后由企业决策最终是否实施，见图 3-2-2。

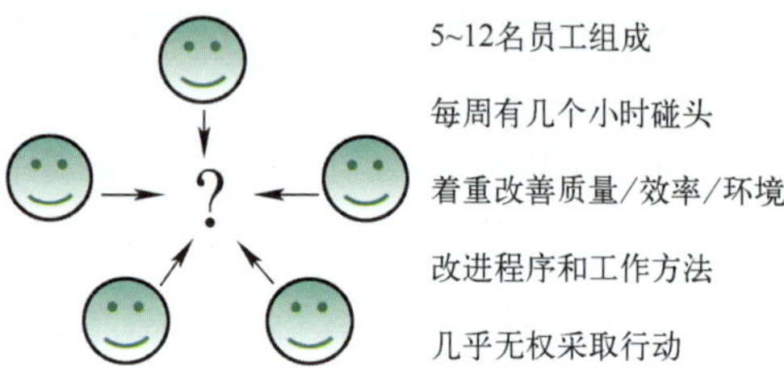

图 3-2-2 问题解决型团队

通常 QC 小组由 5～12 名员工组成，他们每周有几个小时碰头，着重讨论如何改进质量。但是，团队几乎没有权利根据评估的结果单方面采取行动。

(2) 自我管理型团队

QC 小组对表现企业的质量行之有效，但团队成员在参与决策方面的积极性显得不够，企业总是希望能建立独立自主、自我管理的团队——自我管理型团队。

自我管理型团队模式最早起源于 20 世纪 50 年代的英国和瑞典，如沃尔沃现在的管理模式非常先进，其位于武德瓦拉的生产基地，完全由自我管理型团队进行整辆轿车的装配。在美国，金佰利、宝洁等少数几家具前瞻意识的公司在 20 世纪 60 年代初开始采用自我管理型团队模式，并取得了良好的效果。

自我管理型团队是由 10～15 名具有必要的专业技能、人际关系技能、发现解决问题的能力和决策能力的成员组成，团队内部实行自我管理、自我负责、自我领导、自我学习的运行机制，共同实现团队目标，见图 3-2-3。

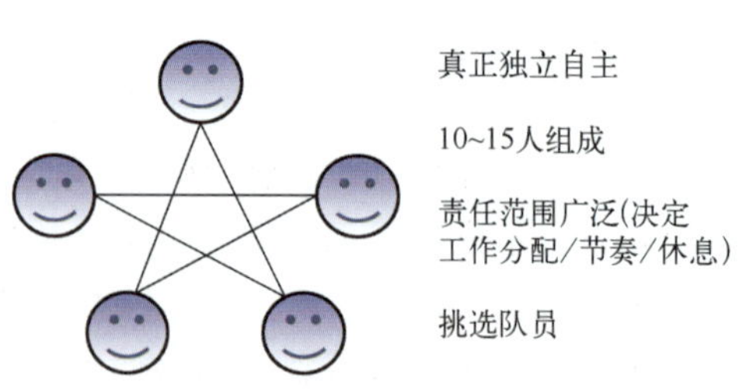

图 3-2-3 自我管理型团队

20 世纪 80 年代后期，美国借鉴并创造性地把团队模式发展到了一个新阶段。在这 20 年里，企业所采用的团队类型在不断变化着，以求得最佳效果，很多公司已逐渐从关注于工作团队，转变为强调员工参与决策和控制决策的实施，其中以团队成员自我管理、自我负责、自我领导、自我学习为特点的自我管理型团队越来越显示出其优越性，也逐渐被主流接受。根据 Law Jeretal 的研究发现，1993 年，68%的《财富》1000 强公司使用了自我管理型团队。施乐公司、通用汽车、百事可乐、惠普公司等都是推行自我管理型团队的几个代表，据估计，大约30%的美国企业采用了这种团队形式。

(3) 交叉功能型团队

交叉功能型团队(cross-functional teams)，由来自同一等级、不同工作领域的员工组成，他们走到一起的目的就是完成某项任务。

交叉功能型团队是一种有效的团队管理方式，它能使组织内(甚至组织之间)不同领域员工之间交换信息，激发产生新的观点，解决面临的问题，协调复杂的项目。但是多功能型团队在形成的早期阶段需要耗费大量的时间，因为团队成员需要学会处理复杂多样的工作任务。在成员之间，尤其是那些背景、经历和观点不同的成员之间，建立起信任并能真正的合作也需要一定的时间，见图3-2-4。

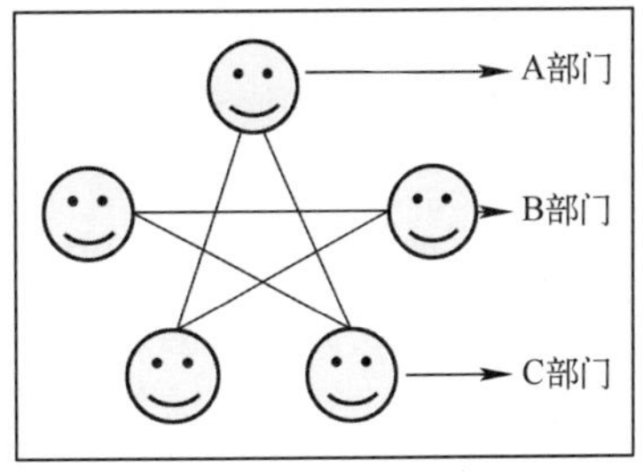

图3-2-4 交叉功能型团队

许多组织采用跨越横向部门界线的形式已有多年。例如，在20世纪60年代，IBM公司为了开发卓有成效的360系统，组织了一个大型的任务攻坚队，攻坚队成员来自于公司的多个部门。任务攻坚队(task force)其实就是一个临时性的多功能团队。同样，由来自多个部门的员工组成的委员(committees)是多功能团队的另一个例子。但多功能团队的兴盛是在20世纪80年代末，当时，所有主要的汽车制造公司(包括丰田、尼桑、本田、宝马、通用、福特、克莱斯勒)都采用了多功能团队来协调完成复杂的项目。

(4) 虚拟团队

有关虚拟团队的定义，不同研究人员提出了不同的看法。如有人认为虚拟团队是一个人员群体，虽然他们分散于不同的时间、空间和组织边界，但他们一起工作完成任务。

Tounsend是这样描述的：虚拟团队由一些跨地区、跨组织的、通过通讯和信息技术的联结、试图完成组织共同任务的成员组成；虚拟团队可视为以下几方面的结合体：① 现代通讯技术；② 有效的信任和协同教育；③ 雇佣最合适的人选进行合作的需要。而人员是最为重要的因素。

虚拟团队(virtual regimental/virtual team)是虚拟组织中一种新型的工作组织形式，是一些人由于具有共同理想、共同目标或共同利益，结合在一起所组成的团队。从狭义上说，虚拟团队仅仅存在于虚拟的网络世界中；广义来说，虚拟团队早已应用在真实的团队建设世界里。虚拟团队只要通过电话、网络、传真或可视图文来沟通、协调，甚至共同讨论、交换文档，便可以分工完成一份事先拟定好的工作。换句话说，虚拟团队就是在虚拟的工作环境下，由进行实际工作的真实的团队人员组成，并在虚拟企业的各成员相互协作下提供更好的产品和服务。虚拟团队作为一种新型的组织形态，具有不少优于传统团队的特征。

3.2.3 团队建设的过程

团队建设一般要经过形成期、激荡期、凝聚期、收获期和修整期5个阶段。

(1) 形成期

团队成员由不同动机、需求与特性的人组成，此阶段缺乏共同的目标，彼此之间的关系也尚未建立起来，人与人的了解与信任不足，彼此之间充满着谨慎和礼貌。整个团队还没有建立起规范，或者对于规范还没有形成共同的看法，这时的矛盾很多，内耗很多，一致性很少，花很大的力气，也产生不了相应的效果。

此时，管理人员的主要任务有3个方面：

1）初步构成团队的内部框架；

2）建立团队与外界的初步联系；

3）管理人员必须立即掌握团队，快速让成员进入状态，降低不稳定的风险，确保事情的进行。

此阶段的领导风格要采取控制型，不能放任，大致目标由领导者自己确立（但是要合理和经过大多数成员的认同），清晰直接地告知队员想法和目的，不能让队员自己想象和猜测。此时也要尽快建立必要的规范，不需要完美，但是需要能尽快让团队进入轨道。

（2）激荡期

团队经过组建阶段以后，隐藏的问题逐渐暴露，就会进入激荡期。激荡期包括成员与成员之间，成员和环境之间，新旧观念与行为之间3个方面的激荡。

1）成员和成员之间的激荡

成员之间由于立场、观念、方法、行为等方面的差异而产生各种冲突。面对如此情势，团队的领导者和成员一方面要认识到激荡期是团队成长所必须经历的阶段，冲突不仅促成了潜在问题的暴露，而且冲突还是成员之间互相提高，团队有效决策和绩效提升的重要手段；另一方面，领导和成员都应积极促成冲突的解决，在冲突与合作中寻求平衡。在这里，许多有关解决冲突，促进沟通，改善人际关系的方法和技巧都可得到广泛深入的运用。

2）成员与环境之间的激荡

这种激荡主要包括：① 成员与组织技术系统之间的激荡。这时最紧迫的是进行技能培训，使成员迅速掌握团队采用的技术；② 成员与组织制度系统之间的激荡。这时要做的工作一是使成员尽快适应新的体制，二是不断完善新的体制，使之适应实际；③ 团队和组织其他部门之间的关系磨合；④ 团队与社会制度及文化之间的关系协调。

3）新旧观念与行为的激荡

团队在决策方面是团队集体决策及成员参与决策；在职责划分时非常灵活，成员彼此平等，行为准则很有弹性；在领导方面则强调民主和自我管理；在控制方面则强调共同愿景目标下的自我监督；在文化方面重视互相帮助，互相协作，活力热忱等。这些新旧观念，行为之间的激荡中，团队建设可能会碰到很多的阻力。这时需要运用一系列手段来促进团队的成长，如采用新的行为方式的培训、舆论宣传、纪律处分、强制手段、奖励措施等。在这一阶段，成员将经历一系列的压力、挫折、学习、强化、行为校正等过程。

（3）凝聚期

经过一段时间的激荡，团队将逐渐走向规范。组织成员开始以一种合作方式组合在一起，并且在各派竞争力量之间形成了一种试探性的平衡。经过努力，团队成员逐渐了解了领导者的想法与组织的目标，建立了共同的愿景，互相之间也产生了默契，对于组织的规范有了了解，违规的事情减少。这是日常工作能够顺利进行。但是组织对领导者的依赖很强，还不能形成自治团队。

在这一阶段，最重要的是形成有力的团队文化。如何形成有力的团队文化，促成共同价值观的形成，调动个人的活力和热忱，增强团队的凝聚力，培养成员对团队的认同感、归属感、一体感，营造成员间互相合作、互相帮助、互敬互爱、关心集体、努力奉献的氛围，将成为团队建设的重要内容。团队能否顺利度过凝聚期以及团队形成的规范是否真正高效有力，将直接影响团队建设的成败与最终的绩效。

此时，还应该建议更广泛的授权与更清晰的权责划分。在成员能接受的范围内，提出善意的建议，如果有新进的人员，必须让其尽快融入团队之中，部分规范成员可以参与决策。在授权的同时，要维持控制，不能一下子给得太多，否则回收时会导致士气受挫，配合培训是此时很重要的事情。

(4) 收获期

"养兵千日，用兵一时"。团队经过组建、激荡和规范，开始变得成熟，懂得应付复杂的挑战，能执行其功能角色，并且可以根据需要自由交换，任务得以高效地完成。此时期，团队成员成为一体，愿意为团队奉献，智慧与创意源源不断。

在收获期，团队成员的注意力已经集中到了如何提高团队效率和效益上，他们把全部精力用来对付各种挑战，这是一个出成果的阶段。此时，团队成员的角色都很明确，并深刻领悟到完成团队的工作需要大家的配合和支持，同时已学会以建设性的方式提出异议，大家高度互信，彼此尊重，也呈现出接受群体外部新方法，新输入和自我创新的学习状态。整个团队已熟练掌握如何处理内部冲突的技巧，也学会了团队决策和团队会议的各种方法，并能通过团队会议来集中大家的智慧作出高效决策，及通过大家的共同努力去追求团队的成功。在执行任务过程中，团队成员加深了了解，增进了友谊，同时整个团队在摸爬滚打中更加成熟，工作也更加富有成效。

这时，领导者必须创造参与的环境，以身作则，使得工作更有成效。

(5) 修整期

对于经过以上各阶段的努力未能建成真正的高效团队的，在执行期表现差强人意的团队，进入修整期时，可能会被勒令整顿，即通过努力消除一些假团队的特质，经过"回炉处理"，希望锤炼成真正的团队。对团队实行整顿的一个重要内容是优化团队规范。这时可用到皮尔尼克(S. Pilnick)提出的"规范分析法"。首先是明确团队已经形成的规范，尤其是那些起消极作用的规范，如强人领导而非共同领导，分别负责任而非联合责任，彼此攻击而非互相支持等假团队的特质；其次是制定规范剖面图得到规范差距曲线；再次是听取各方面的对这些规范进行改革的意见，经过充分的民主讨论，制订系统的改革方案，包括责任、信息交流、反馈、奖励和招收新的员工等；最后是对改革措施实现跟踪评价，并作出必要的调整。

此时管理者更需要运用系统的思考，通观全局，并保持危机意识，持续学习，持续成长。

上述 5 个阶段反映的是团队建设的一般性过程，但是实践中的团队建设过程常常有所偏差。团队建设过程会出现跳跃现象，或是会出现各个阶段的融合。如在团队发展的前期和后期可能产生激荡，在前期出现激荡的原因可能是团队成员定位之前的混乱思想，而后期出现的激荡可能是奖酬分配过程中出现了"不公平"的现象导致的。

总的来说，如果团队建设过程顺利，它通常会表现出的特征是：①团队行为与组织目标所规定的方向日趋一致；②团队绩效逐渐提高；③团队的自我管理，自我调节和自我完善能力不断增强；④团队越来越能兼顾组织、团队和个人的利益，并把三者有机地结合起来；⑤团队能持续学习提高。

3.2.4 开发和管理高效团队

工作团队本身并不能自动地带来效率，它也可能会令管理者失望。我们需要进一步了解管理者怎样开发和管理一支有效的工作团队。

(1) 高效工作团队的特点

有关团队的研究揭示了一些与高效团队有关的特点，图 3-2-5 可以让我们比较清晰地看到这些特点。

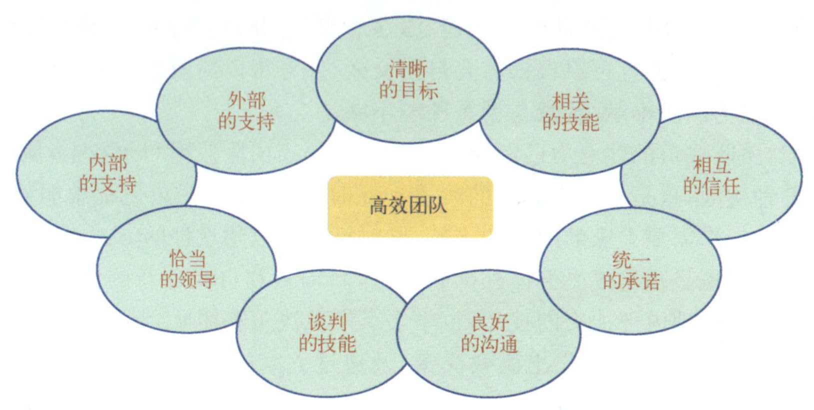

图 3-2-5 高效工作团队的特点

清晰的目标。高效团队非常明确他们要达到什么目标，并坚信这一目标体现了重大价值。另外，这种目标的重要性还激励着个体为实现团队目标而调整个人关注的重心。在高效团队中，成员为团队目标奉献自己的力量，他们清楚地知道团队希望自己干什么，以及成员之间怎样相互协作最终实现目标。

相关的技能。高效团队由一群能力很强的个体组成。他们具备实现理想目标所必需的技术能力，以及相互之间能够良好合作的个性品质。其中后者尤其重要，但却常常被人们忽视。不是所有技术精湛的个体成为团队成员时都能与他人良好相处。在绩效高的团队中，它的成员不但具备技术水平而且拥有人际交往技能。

相互的信任。成员之间相互信任是高效团队的显著特征，也就是说，每个成员对其他人的品行和能力都深信不疑。但我们从日常的人际关系中都能体会到，信任这种东西是相当脆弱的，它需要花很长时间才能建立，但毁坏起来却相当容易。所以，维持群体内的相互信任需要引起管理层足够的重视。

组织文化和管理层的行为举止会有力地影响到群体内部的信任氛围。如果组织崇尚开放、诚实与协作，鼓励员工的参与性与自主性，就比较容易形成信任的环境。表 3-2-1 列出了有助于管理者建设并维持信任的 5 条建议。

统一的承诺。高效团队中的成员对团队表现出高度的忠诚感和奉献精神。只要能帮助团队获得成功，他们愿意做任何工作。我们把这种忠诚感和奉献精神称为统一的承诺。

表 3-2-1　帮助管理者建设信任的 5 条建议

1. 沟通交流	通过解释相关决策和政策、提供及时反馈等途径，向团队成员或下属通报信息；坦率地承认自己的缺点和不足
2. 支持下属	对团队成员和蔼可亲，平易近人。鼓励和支持他们的想法
3. 尊重下属	真正授权给团队成员，认真倾听他们的想法
4. 公正无偏	恪守信用，在绩效评估中做到客观与公正，慷慨地提出你的表扬
5. 易于预测	处理日常事务应始终如一，兑现你所作出或明确或隐含的承诺

注：资料来源：Adapted From F. Bartolome，"Nobody Trusts the Boss Completely-Now What?" Harvard Business Review，March-April 1989，pp. 135-142.

有关成功团队的研究发现，这些成员对他们的群体具有认同感，成员重新界定了自我概念，并把自己是该团队成员的身份看做是自我中一个重要组成部分。统一的承诺意味着对团队目标的奉献精神，愿意为实现这一目标付出自己更多的精力。

良好的沟通。毋庸置疑，高效团队以良好的沟通为特点。群体成员之间以他们可以清晰理解的方式传递信息，包括各种言语和非言语信息。此外，良好的沟通还表现在管理者与团队成员之间健康的信息反馈上，这种反馈有助于管理者对团队成员的指导，以及消除彼此之间的误解。如同一对共同生活多年的夫妻，高效团队中的成员也能迅速并有效地分享彼此的想法和情感。

谈判的技能。当以个体为基础进行工作设计时，员工的角色由工作说明书、组织的规章制度，以及其他一些正式文件明确规定。但对高效团队来说，谁做什么事通常十分灵活，总在不断地进行调整。这种灵活性就需要团队成员具备谈判技能。工作团队中的问题和关系随时发生，成员必须能够应对和处理这种情况。

恰当的领导。有效的领导者能够激励团队跟随自己共渡难关，如何来做？他们帮助团队指明前进的目标，他们向成员解释通过克服惰性可以实施变革，他们鼓舞每个成员的自信，他们帮助成员了解自己的潜力所在。

越来越多的高效团队的领导者扮演着教练和后盾的角色，他们为团队提供指导和支持，但并不控制团队。这种领导方式不仅在自我管理团队中得到显著地运用，而且越来越多地应用于职能型团队、虚拟团队、职能型团队中，在这些团队中成员得到了授权。对一些传统管理者来说，让他们从"老板"转换为"后盾"的角色的确困难，但是，大多数管理者正在尝试这种权力共享方式，或逐渐认识和了解它的优势。不过，仍有一些顽固于专制方式的管理人员无法接受工作团队这种新概念，如果他们还不能尽快转换自己的陈旧观念，则必将被取而代之。

内部的支持和外部的支持。高效团队的最后一个必要条件是它的支持环境。从内部条件来看，团队应拥有一个合理的基础结构，这包括适当的培训，一套清晰而合理的测量系统用以评估总体绩效水平，一个报酬分配方案以认可和奖励团队的活动，一个具有支持作用的人力资源系统。恰当的基础结构应能支持团队成员，并强化那些取得高绩效水平的行为。从外部条件来看，管理层应该给团队提供完成工作所必需的各种资源。

(2) 管理工作团队

管理一个团队包括哪些工作？我们分别从 4 种管理职能角度来看看管理工作团队的工作：计划、组织、领导和控制。

计划。确立目标是计划过程中的重要组成部分。正如我们前面所指出的，高效团队都有着清晰的目标。团队成员能理解并接受团队的目标十分重要。不论这个目标是分派给团队的，还是团队自发提出来的，每个团队成员都应该了解这个目标是什么。用一个简单的方法就可以检查出团队成员对目标的理解情况：让每个成员写出团队的目标，然后看一看他们各自的描述。如果人们对团队目标的理解存在分歧，管理者需要澄清和明确它们。

组织。在管理工作团队中，有关组织方面的任务包括明确权限范围和结构框架。有关这方面的一个关键问题是："我们拥有多大权限？"自我管理团队被授权独立作出具体的决策和完成工作任务。一个团队所拥有的权限范围受到两个方面的影响，其一是组织文化，其二是组织对于员工参与性和自主权的支持程度。另外，还应该确定团队内部的结构框架。领导者是受命担任的，还是由成员选举出来的？如何不但有效而且高效地完成任务？面对各项任务分派谁去承担？任务的分派程序是什么样的？

领导。有关领导方面的重要工作是，团队必须确定：领导者要扮演什么角色？不一致意见如何处理？使用什么样的沟通程序？在这方面最困难的一部分工作是，如何调动员工的积极性。表 3-2-2 列出了在领导工作团队时应具备的一些重要技能。

表 3-2-2 在管理工作团队中用到的各种人际技能

询问恰当的问题以活跃思想和激发决策
用心倾听成员的想法和问题
对群体讨论进行管理，并鼓励害羞的成员积极参与
建立非正式的和无威胁的氛围，让团队成员可以轻松地袒露自己的想法
对团队中出现的关键问题采用集体表决方法作出决策
在设置目标时让团队成员参与
实行会议指南做法，尽可能减少群体会议所浪费的时间
鼓励相互尊重，让每个成员都知道自己的贡献被他人所看重
识别那些功能失调的行为并作出及时处理
为每一个具有重要意义的成就或其他团队取得的成绩而庆贺
运用表扬、人物作业(task assignment)以及其他技术手段来激励团队成员

注：资料来源：Based on G. M. Parker, Cross-Functional Teams(San Francisco: Jossey-Bass, 1994), pp. 57-58.

控制。在控制方面有两个重要问题：团队的工作业绩如何评估？使用什么样的奖励机制？由于工作团队的普遍运用，使得组织的绩效管理体制不得不作出一定的调整。但如何调整？

组织要调整绩效指标，使得在员工评估中纳入团队的工作行为，也就是说，不仅要评估个体绩效，还应包括对个体在团队中作用的考察。例如，在一家名为 Ideo 的工业设计公司中，其绩效评估不仅包括管理者的意见，还包括团队中同伴的意见。

对评估过程进行调整以纳入团队的努力只完成了一半工作，管理者还需要思考，如何针对努力水平和绩效水平对团队进行奖励。有关群体激励的一种流行做法是收益分成(gain-sharing),即让工作群体共同分享通过努力而得到的收益。在收益分成中,奖励与工作业绩直接挂钩。一旦团队成功,则所有团队成员都会获得奖励。以团队为工作单元的组织还可以使用一次性奖金、团队激励系统、基于员工个人的表彰方案、非正式的团队表彰等方法。例如,豪马克贺卡公司在个人激励机制的基础上补充了一项基于团队目标完成情况的年度奖金。Trigon Blue Cross/Blue Shield(蓝十字保险)公司也改变了它的奖励体系,其中不但奖励个体目标还奖励团队基础上的行为。不管使用什么办法,最重要的是,应该主要由团队来决定使用哪些奖励和表扬类型。

3.3　沟　通

3.3.1　沟通理论

秦山第三核电有限公司的“规范交流三字经”

三字经,礼先行;通电话,先报名;
词规范,言清晰;备纸笔,以记录;
细聆听,谨复诵;诵无误,始执行;
干核电,重协作;勤沟通,无差错。

沟通是有效管理的重要途径和关键条件。沟通是指两个或多个个体或群体之间交换信息和分享思想及感情的过程。我们注重“组织中的沟通”,把沟通看成一种社会交互过程。著名管理心理学家 Herbert Simon 给信息沟通下的正式定义是:信息沟通指一位组织成员向另一成员传递决策前提信息的过程。沟通对管理人员来说非常重要,这一活动在管理的全过程中,是不能缺少的。无论计划、组织、领导、决策、监督、协调等管理职能,都须以有效的沟通作为前提。

组织沟通有 3 个主要目的:一是协调行动,就像人类的神经系统,对刺激作出反应,并通过把信息发送到人体各个部位,沟通协调着组织各个部分的行动。二是实现信息共享,尤其是有关组织目标、任务指导、管理决策等方面的信息。三是表达情感与情绪,这在组织背景下尤其重要。

(1) 组织中的沟通过程

沟通过程构成了组织中大多数功能的基础,对组织效能有关键的影响。图 3-3-1 给出了沟通过程的主要环节。

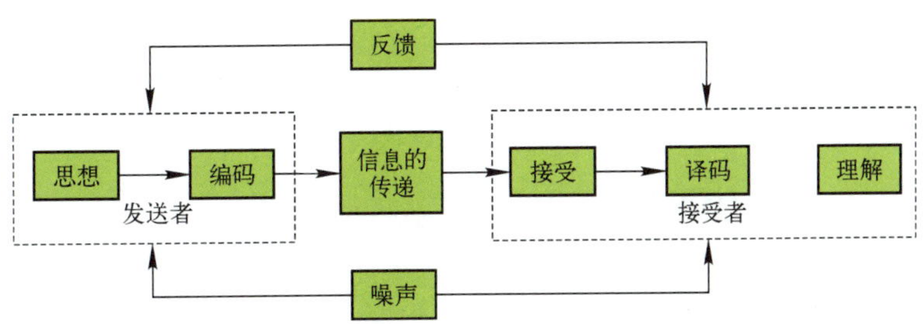

图 3-3-1　沟通过程的主要环节

沟通的基本环节有发送者、编码、通道、接受者、反馈、噪声等。组织中的人际沟通过程也符合上述基本模型。但是,人际沟通有一些独特性:一是人际沟通主要通过语言进行;二是人际沟通不仅包含信息的传递,而且更重要的是情感、思想、态度、观念等的交流;三是人际沟通具有更为及时的双向反馈;四是人际沟通往往容易出现心理偏差,人们的言语、知觉、推理、交往等方面能力和相容、情绪、开放等个性特征都会影响沟通的效果。管理心理学的大量研究都是围绕着沟通模式特征及其偏差的分析和预防而开展的。

(2) 组织中的沟通

1) 正式沟通

正式沟通是通过组织管理渠道进行的信息交流,传递和分享组织中的"官方"工作信息。例如,上级文件按组织系统逐级向下传达,或下级情况逐级向上反映等,都属于正式沟通。正式沟通在很大程度上受到组织结构的影响,管理沟通的流程与正式沟通有密切的关系。通常,上行沟通多用于向上传递信息,下行沟通多用于下达指示、指令或绩效反馈,而水平沟通则多用于协调努力与活动。在多层次的正式沟通中,由于人们的价值取向和认识水平不同,在上行沟通和下行沟通中都会不同程度地出现由于"过滤"、"夸大"、"缩小"甚至"曲解"而带来的偏差。从组织基层向较高层次的直接上级交流信息的上行沟通一般少于下行沟通,大体为15%。而且往往会出现严重的失真或偏差。例如,下属常常觉得需要强调自己的成绩,对自身差错却"大事化小,小事化了",或者是"报喜不报忧",形成避免传递坏消息的倾向。通常,正式沟通中的水平沟通比较随意和准确,在良好的组织文化条件下,可以作为上行和下行沟通的重要补充。

2) 非正式沟通

非正式沟通是在正式渠道之外进行的信息交流,传递和分享组织正式活动之外的"非官方"信息。非正式沟通网络构成了组织中重要的消息通道。例如,员工间私下交换意见,议论某人某事以及传播小道消息等都是非正式沟通的行为。当正式沟通渠道不畅通或出现问题时,非正式沟通会起十分关键的作用。由于非正式沟通在管理活动中十分普遍,而且人们真实的思想和动机往往在非正式沟通中更多地表露出来,因此,管理心理学很重视研究非正式沟通。常见的非正式沟通是小道消息。

小道消息主要以熟人或朋友为基础,跨组织边界传播,时间快、范围广。研究表明,小道消息沟通的主要问题在于信息源本身的准确性低,而不是沟通方式的问题。Davis(1953)在一家中型皮件厂的经理中进行的经典研究发现,小道消息沟通有4种基本模式:聚类式,概率式,流言式,单线式。聚类式沟通是把小道消息有选择地传递给朋友或有关人员;概率式沟通以随机的方式传递信息;流言式沟通是有选择地把消息传播给某些人;单线式沟通则以串联方式把消息传播给最终接受者。Davis的研究结果表明,小道消息传播的最普通形式是聚类式,传播小道消息的管理人员一般占10%。后来进行的验证研究也证实,非正式沟通网络的发送者并不多。

3) 电子沟通

近年来,沟通的技术支撑发生了日新月异的变化,电子沟通正在成为主要而且高效率的沟通类型,其中,主要是手机通讯、电子邮件、视听会议和组织内的互联网或局域网的迅速发展和普及,对于组织行为学的研究与应用形成了新的挑战。电子沟通不但显著改变了沟通模式、降低了信息传递和共享的成本,提高了灵活性,而且正在改变组织的结构和整个管理程序及模式。特别是各类网络化的“群体支持系统”和“电子会议系统”的研制和应用，使得许多员工可以在同一时间发言、倾听和分享数据和信息，迅速实现多方位沟通，成为强化团队工作，提高工作效能和工作满意度的有效途径。电子沟通正在全方位地改变整个组织的工作模式，成为新的竞争优势。

与此同时，电子沟通也带来了新的研究课题。一是电子沟通打破了工作的边界，使许多人随时需要接收或发送大量的信息，更多地在休闲中不得不进入“实时工作状态”，并且通常是“多任务平行工作”，大大提高了工作压力、紧张节奏和心理负荷；二是电子沟通使人际交往、神态传递和感情交流显著减弱，从而可能影响人际关系和客户关系模式；三是电子沟通改变了信息分享模式和群体工作方式，对群体管理和群体成员提出了全新的沟通技能要求。此外，电子沟通也提出了信息传送和信息管理方面的伦理问题，等等。所有这些问题，正在成为组织行为学研究的新课题。

3.3.2　信息沟通中的障碍

很多沟通障碍都会阻碍或歪曲有效的沟通。下面是一些沟通中重要的障碍：

过滤：是指发送者有意操纵信息，以使信息显得对接受者更为有利。比如，一名管理者告诉上级的信息都是上级想听到的东西，这名管理者就是在过滤信息。这种现象在组织中经常发生。当信息向上传递给高层经营人员时，下属常常压缩或整合这些信息以使上级不会因此而负担过重。在进行整合时，个人的兴趣和自己对重要内容的认识也加入进去，并因而导致了过滤。通用电气公司前任总裁曾说过，由于通用电气公司每个层级都对信息进行过滤，使得高层管理者不可能获得客观信息。

过滤的主要决定因素是组织结构中的层级数目。组织纵向上的层级越多，过滤的机会就越多。美国加利福尼亚州立大学研究发现：来自领导层的信息只有20%～30%被下级知道并正确理解；从下到上反馈的信息不超过10%被知道和正确理解；而平行交流的效率则可达到90%以上。

选择性知觉：在沟通过程中，接受者会根据自己的需要、动机、经验、背景及其他个人特点有选择地去看或去听信息。信息接受者在解码过程中，还会把自己的兴趣和期望带进信息中。人们看到的不是客观事实，我们是对自己所看到的东西进行解释，并称为事实。

信息超载：个体加工资料的能力是有限的。当信息超过个体能够分类和使用的量的时候，个体会选择、忽略和忘记信息，或者会推迟做进一步的信息处理，直到超载的状况过去。无论如何处理，最后都会造成信息丢失，降低沟通的有效性。

情绪：在接受信息时，接受者的情绪感受也会影响到他对信息的解释。不同的情绪感受会使个体对同一信息的解释截然不同。极端的情绪，如狂喜或悲痛，都可能阻碍有效的沟通。这种状态常常使我们无法进行客观而理性的思维，代之以情绪性的判断。

语言：同样的词汇对不同的人来说意义却会不同。年龄、教育和文化背景是这方面的3个最主要影响变量，它们影响着一个人所使用的语言以及他对于词汇的界定。

在一个组织中，员工常常来自于不同的背景，有着不同的语言风格。另外，部门的分化使得专业人员发展了各自的行话和技术用语。在大型组织中，成员分布的地域也十分分散（有些人甚至在不同国家工作），而每个地区的员工都使用该地特有的术语或习惯用语。

纵向等级的存在同样造成了语言问题。比如,像诱因和配额这样的词汇,对不同的管理层有着不同的含义。高层管理者常常把它们作为需要,而下级管理者则把它们理解为操纵和控制,并由此而产生不满。你我可能同说一种语言,但我们在语言的使用上却并不一致。如果我们能知道每个人如何修饰语言,将会极大地减少沟通障碍。问题在于,组织中的成员常常不知道他所接触的其他人与自己的语言风格不同,发送者自认为自己使用的词汇或术语与接受者使用的相同。但这往往是不正确的,并由此导致了不少沟通问题。

沟通恐惧:研究发现,大约占总人数 5%～20%的人总有某种程度的沟通恐惧或焦虑。尽管很多人都害怕在人群面前讲话,但沟通焦虑所产生的问题比这严重得多,它会影响到一整类沟通技术的使用。在管理实践中,信息沟通的成败主要取决于上级与上级、领导与员工之间的全面有效的合作。但在很多情况下,这些合作往往会因下属的恐惧心理以及沟通双方的个人心理品质而形成障碍。一方面,如果主管过分威严,给人造成难以接近的印象,或者管理人员缺乏必要的同情心,不愿体恤下情,都容易造成下级人员的恐惧心理,影响信息沟通的正常进行。另一方面,不良的心理品质也是造成沟通障碍的因素。

3.3.3 沟通技能

对于组织沟通中可能遇到的偏差,需要从多方面采取改进措施,除了改善沟通信息本身的质量,还需要改进对于他人信息沟通的理解。改进组织沟通的主要途径是增强沟通技能。在各类组织日益全球化、员工队伍日益多样化的今天,开放式沟通成为最为重要的管理技能之一。

据研究发现,成功的高层经理约有 80%的时间花在谈话和倾听意见上;在几乎所有管理层次,约有 75%的工作日花在各类沟通中,而在商务沟通中,大约 70%的沟通没能达到目的。这些都说明,沟通技能对于组织管理具有特殊的重要性。

1) 跟踪信息与调节信息流

跟踪信息是指在组织沟通中,宁可假定自己的信息被人误解,因而需要设法跟踪信息的发送,以便确定自己的信息是否已准确地得到接受和理解。并且,可以通过对沟通进行质量和数量方面的调节,采用“例外原则”,设法消除“沟通信息超载”,以确保经理们得到最佳的信息流。

2) 利用反馈和移情

反馈是有效的双向沟通的一个关键条件。在面对面沟通中,可以得到直接反馈,而在下行沟通中,往往由于反馈机会有限而造成沟通偏差。因此,研究普遍认为,需要大力加强上行沟通中的反馈,并在组织沟通中更为“接受者导向”,注意在反馈中的移情,即把自己摆在他人的角色上,并善于适应别人的观点和设身处地理解他人的情绪,从而获得共同理解的基础。此外,上下级之间的相互信任有利于提高沟通的信息加工层次与质量。

3) 增强沟通技巧

改进组织沟通的重要技巧之一是通过增强倾听技巧,促进主动沟通,并把重点放在理解上,既要理解他人,也要理解自己,可以采取多种方法。比如,排除信息歪曲,使发言者放松,表达对信息的兴趣,询问问题等,都能改进倾听效果。表 3-3-1 归纳了在沟通中,需要掌握的一些沟通技巧。

表 3-3-1　沟通中的一些技巧

沟通中的一些技巧
善于像收音机那样，仔细、完整地接收和倾听信息
简化沟通中所运用的语言，使沟通信息尽量简洁
注意分析和抓住段落信息，要求对方加以复述，并作出小结和回顾
尽量采用“我……”的表述，而避免“我们如何如何……”的称呼
在沟通信息中，订立阶段目标，例如，“这次主要解决……问题”等
避免过多谈论自己的话题，而注意有足够时间倾听对方的意见，使话题平稳地转移
注重运用肯定技巧，通过信息反馈、姿势、表情和运用“对抗”方式肯定自己的意见
注意避免干扰姿势或动作，不打断发言者，集中倾听对方的信息
适当利用小道沟通渠道，以便通过非正式渠道加强沟通的灵活性和速度
注意在沟通中针对情景或人员作出不同的信息处理，并强调时机性

【案例讨论】

秦山第二核电厂——清晰的交流

核电厂运行中的正常和紧急操作都需要正确的语言交流，交流是执行工作的前提。

由于在语言方面存在地方方言，交流过程中受发音等因素影响会产生误解，导致信息交流错误，影响运行人员操作，严重时会导致停堆停机等风险。所以，清晰的交流是运行操作重要保证的一个方面。通常可采用三段式沟通来保证交流清晰、通畅。三段式沟通的原则如下：

(1) 沟通前确认使用的工具可以清晰传递信息(如使用对讲机或电话时确认通话正常)；

(2) 确认沟通者的姓名；

(3) 传达信息后再重复一遍，确认信息传达正确，双方均已理解；

(4) 参数和设备代码需要逐字传递；

(5) 避免使用含混不清的语言。

三段式沟通是清晰交流的一个基本方法，它包括 3 个重要环节：

(1) 发送者按照上述原则向接受者传达一个信息；

(2) 接受者接到信息后，重新按照上述原则向发送者重复一遍这个信息；

(3) 发送者确认接受者重复的信息与发送的信息一致，以表达“对的”方式认可信息传送正确。

清晰的交流不光体现在信息交流技巧上，对于一些容易传递错误的字母也有特别的要求。核电厂为了多方面需要，往往采用 3 个英文字母作为系统代号，在传递口令时，如果传递错误，就可能造成工作对象错误。因此，要求传达英文字母代号时，必须采用联想传递，如，发送设备编号“MN”时，使用“Mother”的“M”和“Nike”的“N”，这样就能避免因口音含混不清造成的发送错误指令。

【问题】

1. 秦山第二核电厂为什么要用三段式沟通来保证交流？

2. 三段式沟通可以克服哪些沟通上的障碍？

第四章　组织行为

4.1　组织结构的基础

三湾改编

1927年9月9日，毛泽东领导的秋收起义爆发，给敌人以极大的震惊。但是，当时中国革命几乎都是沿袭苏俄十月革命的模式，不恰当地以夺取中心城市和当地城镇为目标，在这种指导思想下，秋收起义也不可避免地遭到失利，会攻长沙的原定计划流产，进攻长沙的各路部队都受到了很大损失，5 000多人的起义部队只剩下了2 000人左右。一种失败的情绪笼罩着整个部队。

赖毅在回忆到当时的情况时说："芦溪受挫后，部队中弥漫着一股消沉的情绪，许多知识分子和军官出身的人，看到失败似乎已成定局，纷纷不告而别。一营一连的一个排就在排长的唆使下，利用放哨的机会全部逃跑了，并且带走了所有的武器。那时，逃亡变成了公开的事，投机分子互相询问：'你走不走？''你准备上哪儿去？'这真是一次严重的考验。"

9月29日，在江西永新县三湾村的"泰和祥"杂货铺，毛泽东主持召开了前委扩大会议，在总结了秋收起义的经验教训，分析了部队的思想情况和增补了前委委员后，针对部队中存在的各种问题，决定对部队进行改编。

三湾改编除了将人数不多的部队由一个师缩编为一个团外，毛泽东创造性地提出支部建在连上的原则，对实现党对军队的领导，奠定了重要的组织基础。同时，针对当时部队中存在的军阀主义作风严重的问题，另一项重要内容就是在军队内实行民主主义。实行民主主义的具体表现是设立了士兵委员会。三湾改编后，红军连以上都设立了士兵委员会。士兵委员会的任务主要有五项：一是参加军队管理；二是维持红军纪律；三是监督军队经济；四是作群众运动；五是作士兵政治教育工作。

"红军的物质生活如此菲薄，战斗如此频繁，仍能维持不败，除党的作用外，就是靠实行军队内的民主主义"。这是毛泽东总结井冈山斗争历史经验的一个重要论断。

三湾改编对军队组织结构的变革，初步解决了如何把以农民及旧军人为主要成分的革命军队建设成为一支无产阶级新型人民军队的问题。在本章要探讨的主题：通过组织结构塑造人的态度和行为。

4.1.1　组织理论

（1）古典组织理论

1）法约尔的组织模式

法约尔提出的14项管理原则涉及计划、组织、人事、领导和控制等各项管理职能，其中涉及组织结构的原则就占6项，分别是工作分工、职权与职责、统一指挥、集权、等级链和秩序。这6项原则概括了层级制组织类型在组织结构方面的基本特征。

2）韦伯的层级官僚制

1910 年，德国社会学家韦伯在《社会组织与经济组织理论》一书中，提出了著名的“官僚模型”，即理想行政性机构理论。

韦伯认为，官僚结构的形式是现代世界中一直发展着的大规模的行政管理的最有效的工具。“官僚模型”就是能够“既合法又合理”地行使职权的组织结构，一般具有以下特征：

- 建立权威与职权等级制度；
- 专业化强，分工明确；
- 规章制度明确；
- 有处理工作情况的程序系统；
- 组织管理中人与人之间关系的非人格化；
- 以技术能力作为挑选和提升组织成员的根据和标准，并主张行政性组织中的组织成员应具有终身制职业的忠诚。

（2）行为组织理论

20 世纪 30～60 年代，当泰罗、法约尔和韦伯等人的理性人观点受到人们越来越多的非议时，梅约及其合作者通过著名的霍桑试验发现，只有把人看成是“社会人”，而不是完全理性的机器时，才能创造出高效率。梅约等人提出了行为组织理论。

行为组织理论认为：

- 企业组织不仅是个技术经济系统，而且是个社会系统；
- 个人不仅受经济奖励，而且受各种不同的社会心理因素的激励；
- 非正式工作群体是研究的重要单位；
- 为了能考虑各种社会心理因素，应对传统观念中的以组织的正式结构和职位为基础的领导模式作实质性的修正；
- 工人的满足感与生产效率有联系，并且不断增加工人的满足感可以提高工作效能；
- 一项重要的工作，是在组织等级中各层次之间建立有效的沟通渠道，以交换信息；
- 管理者不仅需要有效的技术才能，而且需要有效的社会才能；
- 组织成员可以通过满足某种社会心理需要来调动工作的积极性。

行为组织理论最积极的作用，就在于强调组织中人的因素，尽量满足人的各种需要，充分发挥人的主动性和创造性，改善领导者与被领导者的关系，比传统等级制更能提高工作效益。但由于它过分强调人际关系和满足人们的社会心理需要，因而降低了专业化的优越性，使工作效率受到一定影响。

（3）现代组织理论

随着科学技术的发展和人员素质的提高，组织所处的环境发生了很大的变化。为了使组织不断适应新的环境，产生了以系统权变方法为主的现代组织理论。这一理论自巴纳德创立之后，经西蒙、劳伦斯、马奇等人的发展，在组织理论的发展史上写下了新的一页。他们把组织看成一个开放的社会系统，主张组织结构和管理方式要服从总体战略目标，但他们并非固定不变的、放之四海皆准的唯一模式，而是根据该组织的特点，具有针对性、灵活性和适应性。

西斯克认为，组织是一个系统，它由各个子系统构成，且整个系统的能力依赖于每一个子系统的能力；同样，大系统的职能或能力的作用变化，要求子系统作出相应的变化。整个系统的输入可能来源于系统的外部或者系统内部的子系统，它的输出可能输向系统的外部或反馈给任何一个子系统。因此，组织结构及其职能依赖于组织所处的外部和内部的许多环境因素。这就要强调组织的生存价值、社会作用和性格特征，不能单纯用理性的利润指标来衡量企业经营的好坏，而要以人为组织的中心，考虑人们的需要与情感等社会心理因素，使每个人产生一种归属感和向心力，并汇聚成群体动力，帮助组织克服困难，完成任务，增强组织对外部环境的适应能力。

有代表性的现代组织理论是巴纳德的组织理论。现代组织理论的创始人巴纳德的组织理论观点集中反映在1938年出版的《经理人员的职能》一书中。在霍桑试验的启发下，他第一个把组织解释成为人与人相互合作的系统。主张工人首先是一个社会成员，然后才是组织的参与者，而不是工具。因此，不能把经济收入视为激励工作积极性的唯一因素，而要考虑权力、名誉、合适的工作条件、受人尊重等其他刺激因素。在组织不能提供足够刺激时，要注意劝导与说服，并反复灌输企业目标。因为目标是把组织凝成一个整体的重要力量。而在实现企业目标的过程中，必须注意发挥“非正式群体”的作用。它可以沟通许多信息，加强成员之间的感情联系和保护每个人的利益。所以巴纳德十分看重信息交流在组织构成中的地位和作用。

巴纳德认为，所有正式组织不论其级别和规模差别多大，均包含着共同的目标、协作的愿望和信息沟通3个基本要素，见表4-1-1。

表4-1-1 正式组织基本要素

共同目标	组织目标不仅要得到各组织成员的理解，而且必须为各自成员处接受 各个成员在理解目标时，协作性的理解和主观性的理解会发生矛盾 每个组织成员都具有组织人格和个人人格两个方面，因而必须对组织目标和成员个人目标加以区别 组织为了适应环境的变化，求得生存和发展，必须经常改变目标
协作愿望	协作愿望的强度随着个人的不同有很大的差别，有的很强，有的很弱，有的消极，还有的持反对意见 个人协作愿望的强弱是经常变化的，组织中协作愿望强或弱的人数也在变化，并不是固定不变的
信息沟通	要使组织成员明了信息沟通的渠道，并使之习惯化、固定化，更多地强调职位而较少强调个人 每一个成员必须与组织有明确的正式沟通渠道 信息沟通的路线必须尽可能地直接或短捷 必须经常运用完整的信息沟通路线以免发生矛盾或误解 作为信息沟通中心的各级管理人员必须称职，要具有综合能力 当组织在执行职能时，信息沟通的路线不能中断 每一个信息沟通都必须具有权威性，提高高级职位的权威性，是提高组织信息沟通有效性的一个重要手段

巴纳德的现代组织理论除以上思想外，还提出了两个重要的理论观点，那就是“诱因和贡献平衡论”与“权威接受论”。

4.1.2 组织设计

组织结构(organizational structure)是指,对于工作任务如何进行分工、分组和协调合作,是表明组织各部分排列顺序、空间位置、聚散状态、联系方式以及各要素之间相互关系的一种模式,是整个管理系统的"框架"。

(1) 组织结构设计的6要素

管理者在进行组织结构设计时,必须正确考虑6个关键要素:工作专业化、部门化、命令链、控制跨度、集权与分权和正规化。

1) 工作专业化

20世纪初,亨利·福特(Henry Ford)通过建立汽车生产线而富甲天下,享誉全球。他的做法是,给公司每一位员工分配特定的、重复性的工作,例如,有的员工只负责装配汽车的右前轮,有的则只负责安装右前门。通过把工作分化成较小的、标准化的任务,使工人能够反复地进行同一种操作,福特利用技能相对有限的员工,每10秒钟就能生产出一辆汽车。

福特的经验表明,让员工从事专门化的工作,他们的生产效率会提高。今天,我们用工作专门化(work specialization)这个术语或劳动分工这类词汇来描述组织中把工作任务划分成若干步骤来完成的细化程度。

工作专门化的实质是:一个人不是完成一项工作的全部,解成若干步骤,每一步骤由一个人独立去做。就其实质来讲,工作活动的一部分,而不是全部活动。从组织角度来看,实行工作专门化,有利于提高组织的效率。挑选并训练从事具体的、重复性工作的员工比较容易,成本也较低。对于高度精细和复杂的操作工作尤其是这样。例如,如果让一个员工去生产一整架飞机,波音公司一年能造出一架大型波音客机吗?最后,通过鼓励专门领域中进行发明创造,改进机器,工作专门化有助于提高效率和生产率。

20世纪50年代以前,管理人员把工作专门化看作是提高生产率的不竭之源,或许他们是正确的,因为那时工作专门化的应用尚不够广泛,只要引入它,几乎总是能提高生产率。但到了60年代以后,越来越多的证据表明,好事做过了头就成了坏事。在某些工作领域,达到了这样一个顶点:由于工作专门化,人的非经济性因素的影响(表现为厌烦情绪、疲劳感、压力感、低生产率、低质量、缺勤率上升、流动率上升等)超过了其经济性因素的影响。

现在,大多数管理人员并不认为工作专门化已经过时,也不认为它还是提高生产率的不竭之源。他们认识到了在某些类型的工作中工作专门化所起到的作用,以及使用过头可能带来的问题。像奥帝康公司和土星公司则通过丰富员工的工作内容,降低工作专门化程度而获得了成功。

2) 部门化

一旦通过工作专门化完成任务细分之后,就需要按照类别对它们进行分组以便使共同的工作可以进行协调。工作分类的基础是部门化(departmentalization)。

对工作活动进行部门化主要是根据活动的职能。一个医院的主要职能部门可能有研究部、护理部、财会部等;而一个职业足球队则可能设球员人事部、售票部门、旅行及后勤部门等。这种职能分组法的主要优点在于,把同类专家集中在一起,能够提高工作效率。职能性部门化通过把专业技术、研究方向接近的人分配到同一个部门中,来实现规模经济。

工作任务也可以根据组织生产的产品类型进行部门化,例如,在太阳石油产品公司

(Sun Petroleum Products)中,其3大主要领域(原油、润滑油和蜡制品、化工产品)各置于一位副总裁统辖之下,每位副总裁都是本领域的专家,对与他的生产线有关的一切问题负责,每一位副总裁都有自己的生产和营销部门。

还有一种部门化方法,即根据地域来进行部门划分。例如,就营销工作来说,根据地域,可分为东、西、南、北4个区域,分片负责。实际上,每个区域是围绕这个地区而形成的一个部门。如果一个公司的顾客分布地域较宽,这种部门化方法就有其独特的价值。

位于纽约州北部的雷诺兹金属公司(Reynolds Metals)铝试管厂的生产过程由5个部门组成:铸造部、锻压部、制管部、成品部、检验包装运输部。这是一个根据生产过程来进行部门化的例子。过程部门化方法适用于产品的生产,也适用于顾客的服务。

最后一种部门化方法是根据顾客的类型来进行部门化。例如,一家销售办公设备的公司可下设3个部门:零售服务部、批发服务部、政府部门服务部比较大的法律事务所可根据其服务对象是公司还是个人来分设部门。

大型组织进行部门化时,可能综合利用上述各种方法,以取得较好的效果。但是,20世纪90年代有两个倾向较为普遍:第一,以顾客为基础进行部门化越来越受到青睐。为了更好地掌握顾客的需要,并有效地对顾客需要的变化作出反应,许多组织更多地强调以顾客为基础划分部门的方法。例如,施乐公司已取消了公司市场部的设置,把市场研究的专家排除在这个领域之外。这样使得公司能更好地了解谁是它的顾客,并更快地满足他们的需要。第二,坚固的职能性部门被跨越传统部门界限的工作团队所替代。

3) 命令链

命令链(chain of command)是一种不间断的权力路线,从组织最高层扩展到最基层,澄清谁向谁报告工作。它能够回答员工提出的这种问题:"我有问题时,去找谁?"、"我对谁负责?"

在讨论命令链之前,应先讨论两个辅助性概念:权威和命令统一性。权威(authority)是指管理职位所固有的发布命令并期望命令被执行的权力。为了促进协作,每个管理职位在命令链中都有自己的位置,每位管理者为完成自己的职责任务,都要被授予一定的权威。命令统一性(unity of command)原则有助于保持权威链条的连续性。它意味着,一个人应该对一个主管,且只对一个主管直接负责。如果命令链的统一性遭到破坏,一个下属可能就不得不穷于应付多个主管不同命令之间的冲突或优先次序的选择。

时代在变化,组织设计的基本原则也在变化。随着电脑技术的发展和给下属充分授权的潮流的冲击,现在,命令链、权威、命令统一性等概念的重要性大大降低了。同样,随着电脑技术的发展,日益使组织中任何位置的员工都能同任何人进行交流,而不需通过正式渠道。而且,权威的概念和命令链的维持越来越无关紧要,因为过去只能由管理层作出的决策现在已授权给操作员工自己作决策。除此之外,随着自我管理团队、多功能团队和包含多个上司的新型组织设计思想的盛行,命令统一性的概念越来越无关紧要了。当然,有很多组织仍然认为通过强化命令链可以使组织的生产率最高。

4) 控制跨度

一个主管可以有效地指导多少个下属?这种有关控制跨度(span of control)的问题非常重要,因为在很大程度上,它决定着组织要设置多少层次,配备多少管理人员。在其他条件相同时,控制跨度越宽,组织效率越高。

控制跨度窄的好处在于管理者可以对员工实行严密的控制，缺点在于：第一，管理层次会因此而增多，管理成本会大大增加。第二，使组织的垂直沟通更加复杂。管理层次增多也会减慢决策速度，并使高层管理人员趋于孤立。第三，控制跨度过窄易造成对下属监督过严，妨碍下属的自主性。

目前，在通用电气公司和雷诺金属公司这样的大公司中，控制跨度大约是10～12人，是15年前的2倍。汤姆·斯密斯是卡伯利恩公司（Carboline Co.）的一名地区经理，直接管辖27人，如果是在20年前，处于他这种职位的人，通常只有12名下属。

加宽控制跨度，与各个公司努力降低成本、削减企业一般管理费用、加速决策过程、增加灵活性、缩短与顾客的距离、授权给下属等趋势是一致的。但是，为了避免因控制跨度加宽而使员工绩效降低，各公司应同时加强员工培训的力度和投入。管理人员应充分认识到，自己的下属充分了解了自己的工作之后，或者有问题能够从同事那儿得到帮助时，他们就可以驾驭宽跨度的控制问题。

5）集权与分权

在有些组织中，高层管理者制定所有的决策，低层管理人员只管执行高层管理者的指示。另一种极端情况是，组织把决策权下放到最基层管理人员手中。前者是高度集权式的组织，而后者则是高度分权式的。

集权化（centralization）是指组织中的决策权集中于一点的程度。这个概念只包括正式权威，也就是说，某个位置固有的权力。一般来讲，如果组织的高层管理者不考虑或很少考虑基层人员的意见就决定组织的主要事宜，则这个组织的集权化程度较高。相反，基层人员参与程度越高，或他们能够自主地作出决策，组织的分权化（decentralization）程度就越高。

集权式与分权式组织在本质上是不同的。在分权式组织中，采取行动、解决问题的速度较快，更多的人为决策提供建议，所以，员工与那些能够影响他们的工作生活的决策者隔膜较少，或几乎没有。

近年来，分权式决策的趋势比较突出，这与使组织更加灵活和主动地作出反应的管理思想是一致的。在大公司中，基层管理人员更贴近生产实际，对有关问题的了解比高层管理者更翔实。

6）正规化

正规化（formalization）是指组织中的工作实行标准化的程度。如果一种工作的正规化程度较高，就意味着做这项工作的人对工作内容、工作时间、工作手段没有多大自主权。人们总是期望员工以同样的方式投入工作，能够保证稳定一致地产出结果。在高度正规化的组织中，有明确的工作说明书，有繁杂的组织规章制度，对于工作过程有详尽的规定。而正规化程度较低的工作，相对来说，工作执行者和日程安排就不是那么僵硬，员工对自己工作的处理许可权就比较宽。由于个人许可权与组织对员工行为的规定成反比，因此工作标准化程度越高，员工决定自己工作方式的权力就越小。工作标准化不仅减少了员工选择工作行为的可能性，而且使员工无须考虑其他行为选择。

组织之间或组织内部不同工作之间正规化程度的差别很大。一种极端情况是，某些工作正规化程度很低，如大学书商（向大学教授推销公司新书的出版商代理人）工作自由许可权就比较大，他们的推销用语不要求标准划一，在行为约束上，仅需要每周交一次推销报告，并对新书出版提出建议。另一种极端情况是那些同一出版公司的职员与编辑。他们上午8

点要准时上班，否则会被扣掉半小时工资，而且，他们必须遵守管理人员制定的一系列详尽的规章制度。

(2) 组织结构的形式

组织结构的设计经过了直线型结构、职能型结构、直线职能型组织结构、事业部制组织结构、矩阵式组织结构、多维立体组织结构和委员会等形式的演变，为了应付环境的不确定性，近年来理论界和实际部门又发展了一些新的结构形式，如项目组织模式、团队结构模式、虚拟公司模式和自由型结构等，并给组织结构赋予了扁平化、柔性化、分立化和网络虚拟化等一些新的特点。

(3) 工作设计

工作设计是指为了有效地达到组织目标，而采取与满足工作者个人需要有关的工作内容、工作职能和工作关系的设计。由于将各项任务联合起来创造的个体工作方式、员工在工作时的灵活程度，以及有无组织支持系统等因素都会对员工绩效和工作满意度产生直接影响，所以在组织生活中需要搞好工作设计。

一个好的工作设计至少具有 3 个方面的积极作用：

- 能减少单调乏味的重复性劳动的不良效应；
- 有利于建立整体性的工作系统；
- 为充分发挥员工的积极性和创造性提供了条件。

工作设计的发展，经历了由工作专业化到管理当局为解决职工对过分专业化的反抗所采取的如工作转换等临时性措施，再到工作丰富化、工作特征再设计等现代的工作设计方法这样 3 个发展过程。

4.1.3 工作压力

工作压力是当前全球性的热点话题，压力既是一种强大的推动力，也是一个影响工作绩效和职业健康的消极因素。如何利用和管理好工作压力，是我们要关心的重要问题。

联合国国际劳工组织发表的一份调查报告认为："心理压抑将成为 21 世纪最严重的健康问题之一"。根据美国滥用药物和精神卫生管理局 2007 年 10 月公布的一份政府调查报告显示，美国国内企业的员工有 7%在上一年经历压抑情绪。此外，员工压抑情绪对企业界造成的产能损失总额每年达到 300 亿～440 亿美元。为此，重视员工压力管理，已成为企业人力资源管理的一个重要方面。

(1) 压力及其来源

所谓压力，是指人在对付那些自己认为很难对付的情况时，所产生的情绪上和身体上的异常反应。它是人和环境的相互作用的结果，是机体内部状态，是焦虑、强烈的情绪和生理上的唤醒，以及挫折等各种情感和反应。压力在心理上产生的作用就是紧张。压力状态由两方面的因素构成：一个是威胁，也称"紧张刺激物"；另一个是由个体生理上可测量的变化和个体行为组成的反应。

研究成果表明，个人是否能够体验到工作压力，主要取决于知觉、经历、压力与工作绩效的关系、人际关系等因素，这是因为每个人所具有这 4 个因素的情况不同。所以，压力的体验完全是因人而异的。

压力所引起的情感反应因人而异，受性别、文化背景、遗传、环境和对付压力的方法等各种因素的制约。人们体验到压力之后,就会有反应。这种反应可以是畏缩或者奋争。这种反应影响到肌肉、眼睛、呼吸速度和心跳速度,使躯体作好临敌逃脱或奋勇抵抗的准备。大脑向位于两肾上端的肾上腺发出指令,该指令迅速得到辨认,人体便开始分泌肾上腺素。

一般来说,压力源从形式上可分为工作压力源、生活压力源和社会压力源 3 种,见表 4-1-2。

表 4-1-2 3 种压力源

工作压力源	工作特性。如工作超载、工作欠载、工作条件恶劣、时间压力等 员工在组织中的角色。如角色冲突、角色模糊、个人职责、无法参与决策等 职业生涯开发。如晋升迟缓、缺乏工作安全感、抱负受挫等 人际关系。与上司、同事、下属关系紧张,不善于授权等 工作与家庭的冲突。如时间上、精力上的冲突等 组织变革。如并购、重组、裁员等
生活压力源	美国著名精神病学家赫姆斯(Helmes)列出了 43 种生活危机事件,按对压力影响程度主要有:配偶死亡、离婚、夫妻分居、拘禁、家庭成员死亡、外伤或生病、结婚、解雇、复婚、退休等
社会压力源	社会地位、经济实力、生活条件、财务问题、住房问题等

压力产生的后果有积极和消极两种,但通常更多的是表现在消极方面。压力的消极作用表现在生理、情绪和行为 3 个方面。压力对生理的影响包括血压升高、尿频、易怒、缺乏食欲等。压力对情绪的影响包括发怒、忧虑、意志消沉、影响自尊心、智力功能降低、神经过敏、激动、对领导的愤慨、以及对工作不满等。压力对行为影响包括工作绩效降低、缺勤率高、工伤事故率高、有冲动性行为、以及难于沟通等。

工作压力是客观存在的,但同样的压力在不同人的身上却可以产生不同的后果。

对高效率管理人员:压力——→积极态度——→激励

对低效率管理人员:压力——→消极态度——→苦恼

(2) 压力管理

低于中等水平的压力感有助于员工提高工作绩效,但经受的压力感水平过高,或中等水平压力感持续的时间过长,都会使员工绩效降低,这时就需要管理人员通过组织途径来改变行为方式以减轻和抵消压力,员工个人可以积极参加体育活动,从而增强抵消压力的本领。

对于工作情景中的压力管理,可以从个体、工作和组织 3 个层面入手。

1) 个体层面的压力管理

认知性自我管理技能。这是指个体通过对自身和压力源的剖析,减轻压力反应的技能。这种技能包括认知训练、运动和呼吸训练等。认识自己的性格特征、生活习惯和工作状态,聆听自己的压力信号,审视自己对每日生活中面对压力付出的代价,注意可能引起高压力的个人嗜好、特殊生活习惯和工作情况,找出压力来源,并积极地减少或消除压力。另外,也可以通过运动放松和呼吸训练来减轻压力体会。

应对性自我管理技能。这是指个体在感觉到很大压力时,通过对工作时间的调整,使自身从过分紧张状态恢复到乐观放松心态的技能。有效的时间管理就是一个非常好的应对性自我管理手段，其具体做法可以概括为：列出每天要完成的事情；根据重要程度和紧急程度对事情进行排序；根据优先顺序进行日程安排，努力确定所有任务中最关键的20%；了解自己日常活动的周期状况，在自己最清醒、最有效率的时间段内完成工作中最重要的部分。

支持性自我管理技能。这是指个体在面对较大压力时，通过寻求外部支持性途径排遣压力的技能。建立并扩大社会支持网络是应对压力的重要途径，它使个体之间可以交流挫折和不满，得到建议和鼓励，并体验到情感上的联系，获得应付压力事件所需的共鸣和支持。

保护性自我管理技能。这可以增强个体的适应能力，从根本上减少过度压力反应的机会。这些措施包括精神构想、放松技巧、合理膳食和运动调节等。个体通过注意自身良好的心态和正确人生价值观的培养，努力增强自身实力，如知识、技术、人际交往等技能，可有效减少因自身能力不足而体会到压力的可能性。个体应掌握运用各种放松技巧，如自我调节、催眠、生物反馈等方法；应注意科学、合理、均衡的饮食习惯；应保证充分的睡眠和休息时间；应营造舒适放松的生活空间，坚持定期运动等方式都可以有效地缓解压力。

2）工作层面的压力管理

合理的工作安排。工作安排是指根据具体工作的重要性和难易程度对任务进行合理的安排，有效的工作安排可以缓解过多的压力。根据普瑞马克定律，先做不喜欢的工作，然后再做喜欢的工作的整体效率要比先做喜欢的工作，后做不喜欢的工作效率高。

应用普瑞马克定律进行工作安排时，需要对雇员工作偏好等级的性质加以确定。首先，可以询问员工喜欢做什么工作，不喜欢什么工作；其次，就是观察员工的选择，了解其工作偏好后，有的放矢地安排工作，提高工作效率。

进行工作再设计。调查显示，工作环境和工作满意度是影响员工工作压力的两个重要因素。所以有必要对原有工作进行再设计，有3种可以选择的方案：工作轮换、工作扩大化和工作丰富化。

工作轮换是指当员工觉得现在的工作已经不再具有挑战性时，就轮换到同一水平、技术要求相近的另一岗位上工作。工作扩大化是指增加员工的工作数量，丰富工作内容，在克服专业性过强、工作多样性不足等方面具有显著效果。工作丰富化是指对工作的纵向扩展，可以增强员工对工作计划、执行和评估的控制程度，使员工所做工作具有完整性，提高员工的自由度和独立性，增强员工的责任感并及时提供工作反馈，以便员工了解自己的绩效状况并加以改进。

3）组织层面的压力管理

组织应承担在减轻工作情景中的压力以及降低这些压力对员工的行为、情感、绩效方面负面影响的责任和义务。

压力源管理。压力源是压力结果的直接来源，通常所讲的过高的工作压力主要就是指压力源因素是呈高压态的。在对压力源进行全面调查测量的基础上，找出过高压力的主要诱因，进而拟定并实施针对性的压力减轻计划，从源头上消除引起消极压力结果的因素。如不良的工作条件如果是引起消极压力结果的主要压力源因素，那么对该因素的调整就表现为：通过改善设备的质量、重新布置格局、播放背景音乐等措施，使员工在工作中体验到愉快的感觉，从而减轻压力、提高工作绩效。同时，组织必须评价这些措施的执行结果，以确保措施的有效性。

合理的人力资源配置。从组织层面看，降低压力水平应从重视员工的甄选开始，企业应确保员工具有与职务要求相适应的能力。通过识别员工的人力资源特点、职业锚类型和所处的压力环境，使三者合理匹配。在个体所处的不同职业锚阶段，或者针对不同职业锚类型的个体，需要进行不同的人力资源配置，或采用不同的培训方法，这对于最大限度地利用个体的认知资源是十分重要的。

加强职业生涯规划管理。职业生涯管理体系通常包括自我评估、实际检验、目标设定、行动规划 4 部分。自我评估指员工通过各种信息确定自己的职业兴趣、价值观和行为倾向，以此作为设定职业生涯目标及策略的基础。实际检验指员工从公司获得信息，了解公司如何评价其技能和知识，以及他们该怎样适应公司的计划。目标设定指员工形成长短期职业生涯目标的过程，这些目标通常与理想的职位、技能的运用水平、工作安排或技能获取相联系。行动规划指员工为达到长短期职业生涯目标应采取的措施，包括参加培训课程和研讨会，提高自身技能或申请公司内的空缺职位。

强化组织沟通。角色的模糊性和角色冲突会增加不确定性，从而产生遭遇性压力和情境性压力，因此加强组织内的沟通是压力管理中必不可少的环节。消除遭遇性压力的两个重要因素：一是建立广泛的社会支持体系；二是提高人际沟通能力，加强交往。

组织中可以形成两类社会支持体系，一类是良师益友的关系，通过承诺、信任和合作有效地帮助员工避免不必要的压力，提供应对压力的支持；另一类是团队建设，高结合性的团队成员之间的交流会使员工产生更少的压力，取得更好的绩效水平。

提高人际沟通能力也是一种有效的方法。持续的双向的沟通，在免除或减轻员工不必要的期待性压力的同时，还可以使员工与组织共渡难关。

实施员工帮助计划 EAP(Employee Assistance Program)。按员工的需求属性划分，员工帮助计划可分为 6 大类，见表 4-1-3。

表 4-1-3　员工帮助计划

咨询类	工作调适、生活问题、身心健康困扰及职业生涯发展咨询
教育类	新进员工培训、心理卫生知识推广、员工社团运作
申诉类	采用书面、电话或面谈等方式处理员工的不满或意见
福利类	急难救助、奖助学金、托儿、托老服务等
休闲类	组织休闲、联谊、娱乐活动
其　他	各种协调工作和组织发展工作

员工帮助计划的运作模式会因企业经营状况、规模与目标的不同而有所差别，一般可分为 4 种：内部模式、外部模式、联合模式和会员制模式。

4.2　组织文化

同是公司，为什么差别这么大？

美国《时代周刊》发布了一组有关 Google 总部 Googleplex 的照片，看罢不禁感慨：他们怎么能把美容院、高尔夫球场、游乐园、游泳池……都搬到公司里？作为世界最著名的搜索引擎之一，想象中员工必定是忙得连气都喘不过来，工作环境必定是井然有序，事实上Google美国总部内部的工作环境却以不拘一格出名：员工没有专门制服，他们爱穿什么就穿什么，员工还能带着自己的狗来上班，甚至连老板的办公桌上也乱糟糟地堆着一堆儿童拼装玩具！

对秦山第三核电有限公司的运行人员来说，他们绝对碰不到这样乱七八糟的情况，秦山三核有严格的"运行人员行为规范"，这个规范甚至将怎样交流，怎样记录都规范进去了，我们翻开手册，看看上面的内容，"规范交流三字经"、"规范操作四字文"、"规范记录五字令"、"规范巡检六字言"、"规范监盘七字歌"、"规范交接八字曲"，从标题上我们就知道有多么严格了。

为什么同是公司，对员工的行为要求却有着天壤之别？这是因为不同的组织有不同的文化。组织文化对组织成员的行为和态度具有显著影响。

4.2.1 什么是组织文化

组织文化对组织来讲是一个永恒的主题。"组织文化"的概念最早是由美国学者迪尔和肯尼迪提出的。他们在对日美企业管理风格进行比较研究时，发现了非理性强文化管理的巨大作用后，便创立了组织文化理论。美国著名的组织文化专家沙因教授认为，文化是一种深奥的现象，它非常复杂而且不易了解，但是对于企业管理来说，花大力气去认识组织文化是值得的，因为，当我们确实了解了组织文化时，对企业中那些难以理解和看似不合理的现象就会豁然开朗。

特别是在现代，大家公认组织文化是影响企业效率高低的重要原因。研究发现日本企业成功的关键因素之一，就在于其良好的组织文化。良好的劳动道德和工业政策，同样为日本经济取得成就发挥了重要作用。日本职工对工作十分关心，以高度的热情和精力投入工作，有以下几方面原因：对公司高度的认同性、对企业的亲和力、人事制度与首创精神、社会保障、职工的意见受到重视和对自己的企业感到骄傲。

(1) 组织文化的概念与作用

一般认为，组织文化(organizational culture)是指组织成员的共同价值观体系，它使组织独具特色，区别于其他组织。如果仔细考察的话，这种共同的价值观体系实际上是组织所重视的一系列关键特征。最新研究认为，组织文化有7个关键特征，见表4-2-1。

表4-2-1 组织文化的7个关键特征

1. 创新与冒险	组织在多大程度上鼓励员工创新和冒险
2. 注意细节	组织在多大程度上期望员工做事缜密、善于分析、注意小节
3. 结果取向	组织管理人员在多大程度上集中注意力于结果而不是强调实现这些结果的手段与过程
4. 人际取向	管理决策在多大程度上考虑到决策结果对组织成员的影响
5. 团队取向	组织在多大程度上以团队而不是个人工作来组织活动
6. 进取心	员工的进取心和竞争性如何
7. 稳定性	组织活动重视维持现状而不是重视成长的程度

以上每一种特点都表现为一个从低到高的连续带。从这7个特征来评价组织，就能得

到组织文化的有机构成图。组织成员对组织所持的共同感情，在组织中做事的方式，组织成员应有的行为方式，都建立在这幅有机构成图上。

一个好的组织文化将会起到5个方面的作用：

- 组织生存和发展的基础与动力。因此一个组织从创立之日起，它的创立者就必须自觉地有意识地倡导和培育与本组织相适应的组织文化。
- 是企业久盛不衰的重要条件。由于组织文化具有相对稳定性和持续性，不会轻易地因人事变动而衰落，因此能持久地发挥作用。
- 是管理的灵魂和最高目标。它从价值观、信念武装职工，使职工为实现组织目标而自觉行动。
- 是思想政治工作、精神文明建设和科学管理三者相结合的新路子。
- 是决定企业经济效益和社会效益的一个主要因素。

(2) 组织文化的结构与内容

组织文化的结构一般分为3个层次：物质层、制度层和精神层。

物质层。物质层是组织文化的表层部分，是形成制度层和精神层的条件，它往往能折射出组织的经营思想、经营管理哲学、工作作风和审美意识。对企业来说，它一般体现在企业面貌、产品的外观和包装、技术工艺设备特性、纪念物等方面。

制度层。制度层是组织文化的中间层次，又称为组织文化的内层。它集中体现了组织文化的物质层及精神层对员工和组织行为的要求，主要是指对组织员工和组织行为产生规范性、约束性影响的行动准则，主要包括工作制度、责任制度、特殊制度、特殊风俗等。

精神层。精神层是组织文化的深层，主要是指组织的领导和员工共同信守的基本信念、价值标准、职业道德及精神风貌，它是组织文化的核心和灵魂，是形成组织文化的物质层和制度层的基础与原因。它的有无是评价一个组织是否形成了自己组织文化的主要标志和标准。一般包括组织经营哲学、组织精神、组织风气、组织道德和组织目标等。

从组织文化的形式看，其内容可以分为显性和隐性两大类。

所谓显性内容就是指那些以精神的物化产品和行为为表现形式的，通过直观的视听器官能感受到的、又符合组织文化实质的内容。它包括组织的标志、工作环境、规章制度和经营管理行为等几部分。

组织文化的隐性内容是组织文化的根本，是最重要的部分，主要包括组织哲学、价值观念、道德规范、组织精神等几个方面。它虽然隐藏在显性内容的背后，但它直接表现为精神活动，直接具有文化的特质，而且它在组织文化中起着根本的决定性作用，因此，在研究组织文化的内容时，要牢牢抓住这些隐性内容，作为根本点和出发点。

4.2.2 社会化：让员工适应组织文化

不管组织的人员甄选工作做得有多好，都无法保证新员工完全适应组织文化的要求。也许最重要的原因是他们对组织文化不太熟悉，新员工总是容易干扰组织已有的观念和习惯。因此，组织要帮助新员工适应组织文化。这种适应过程，可称为社会化(socialization)。

美国海军陆战队的每个成员都必须在新兵训练中心受训，证实他们的忠诚与献身精神。教练同时也会以“海军陆战队的方式”把部队的规矩灌输给新成员。

讨论社会化问题时必须记住，最关键的社会化阶段是员工刚进入组织的时候。在这个阶段，组织要尽力把外来者塑造成一个合格的员工。那些不能掌握角色行为要领的员工很可能被称为“不服从者”或“反叛者”，他们的下场往往是被开除。但组织会通过各种方式，在员工的职业生涯中使每一个人完成社会化过程，起到维系组织文化的作用。

社会化可概括成由3个阶段组成的过程：原有状态阶段、碰撞阶段、调整阶段。第一阶段包括新成员进入组织之前的所有的学习活动。第二阶段中，新成员看到了组织的真面目，并可能面临着个人期望与现实相脱离的问题。在第三阶段中，相对长期的变化就发生了。新成员掌握了工作所需技能，成功地扮演了自己的新角色，并且调整自己适应了工作群体的价值观和规范。这个3阶段过程会影响新员工的生产效率，对组织目标的承诺，并最终会影响员工是否留在组织内的决定。图4-2-1描述了这个社会化过程。

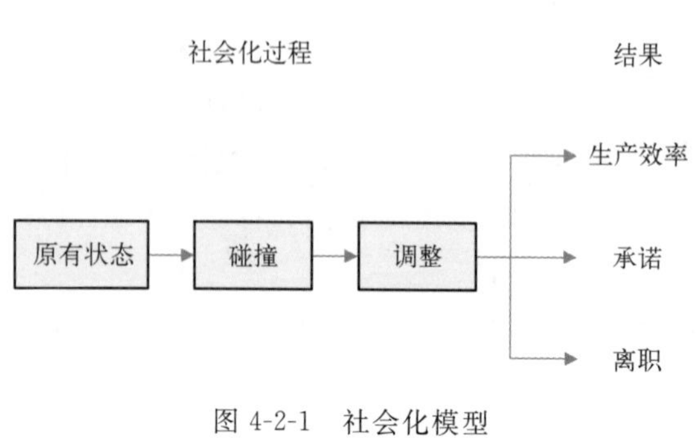

图 4-2-1 社会化模型

在原有状态阶段(prearrival stage)，可以清楚地看到每个人还带有盲目的一套价值观、态度和期望，其中包括对将要从事的工作和所服务的组织的态度和期望。例如，在许多工作领域，尤其是专业性强的工作领域，新成员已经在学校和培训中经过了相当程度的前期社会化。例如，商学院的一个主要目的，就是使学生经过社会化过程具备商业界所需要的态度与行为。如果企业主管认为，成功的员工应当具备商业道德、忠诚、工作努力、成就欲望强，并且愿意接受上级指令，他们就会从商学院中聘用那些事先按这个模式造就的人才。但是，前期的社会化是超越具体工作的，组织甄选过程是用来让有望聘用的员工了解整个组织的一种方式。另外，甄选过程也用来保证组织所聘员工与组织文化相适应。事实上，一个人在甄选过程中恰当地表现自己的能力决定了他是否有能力进入组织。因此，是否成功取决于应聘者是否准确地预测到了组织中那些负责甄选过程的考官的期望和爱好。

新员工进入组织之后，就开始了碰撞阶段(encounter stage)。在这个阶段中，员工可能会面对自己的期望(对工作、同事、上司及组织整体的期望)与现实不相符的情况。如果员工上述方面的期望比较准确，碰撞阶段只不过进一步证明他们以前的认识是正确的。但事情往往不是这样。如果他们的期望与现实有差异，员工就必须经过社会化，使自己从以前的假设中摆脱出来，代之以另一套期望。在极端情况下，新员工会变得对他的工作现状彻底失望，甚至会辞职。有效的员工甄选过程应该尽量减少后一种情况发生的可能性。

最后，新成员必须解决在碰撞阶段发现的所有问题，这就意味着要经受变革，因此我们把最后一个阶段称为调整阶段(metamorphosis sage)，表4-2-2提供了几种方案，力图带来有效的质变结果。值得注意的是，管理人员越是强调社会化过程中的正规化、集体化、固定化、有序化，磨平员工的个性，那么员工之间的差异就越小，员工行为的标准化和可预测程度就越高。通过控制新员工的社会化过程，管理人员一方面可以造就循规蹈矩的顺从型员工，也可以造就富有创新精神的创造型员工。

表 4-2-2　入门社会化的各种方案

入门社会化的各种方案
正规化与非正规化 组织越是使员工与实际的工作环境相分离，并以某些方式对员工加以区分，来明确新成员的特殊角色，组织社会化的正规程度就越高。具体的定向和培训项目就是这样的例子。非正规化的社会化方法就是直接让员工去上岗工作，而不多加注意
个人与集体 新成员可以被个别社会化，在许多专业性较强的工作领域中就是这样做的。他们也可以结成群体。接受同样内容的培训，如新兵训练营就是这样做的
固定与可变 这是指新员工由局外人向"内部人"转变的时间安排。固定时间安排方式是先设定标准化的转变阶段。这往往是轮换式培训的特点、它也包括试用期。如会计师或律师事务所规定 8～10 年的"副职"时期，用来确定候选人是否适合于做一个合伙者。可变的时间安排则事先不规定员工的"转正"时间。比较典型的例子是员工晋升体制，在员工条件都具备之前，没有人能给他安排好晋升时间
有序性与随意性 进行有序性社会化的一个特点是，组织设定角色模式来训练和鼓励新员工，学徒制度和辅导教师方案就是这样的例子。而随意性社会化方法则是，故意不设定角色模式，让员工自己去思考，去摸索
授权式与收权式 授权式社会化假设新员工的素质和资格要素是工作成功的必要条件，因此这些素质和资格获得证实和支持。而收权式社会化方法则是尽力磨削员工的一些特点。大学女生联谊会和兄弟会的成员往往要经过收权式社会化过程，以成功地扮演自己在组织中的角色

当新成员觉得在组织工作中如鱼得水时，就意味着，质变过程和入门社会化过程结束了。这时候，员工已经把组织和工作群体的规范内化了，他们理解并接受了这些规范。新成员这时也能感到自己已被同事作为一个可信任、有价值的人接受了，这时候他会自信有能力做好工作，并理解整个组织系统不仅仅是他自己的工作任务，而且包括组织的规章制度、工作程序、非正式的做法等。最后，他了解了组织的评估体系，即明白了将用什么标准来测量和评价自己的工作。他知道人们对他的期望，知道什么叫做"干得很好"。成功的调整过程对于提高新员工的生产效率和对组织的承诺、降低员工离开组织的倾向，会产生积极的影响。

【案例讨论】

秦山三核企业文化的培育和构建

中核集团秦山第三核电有限公司在工程建设和生产运行的实践中，着力把先进的文化理念与国际管理接轨，倡导并实践文化管理，创建学习型企业，提升执行力和文化力，培育以安全文化为核心的企业文化。公司积极用企业文化提升企业管理，用企业文化规范员工行为，提升员工素质和三核美誉度，培养了一支高素质的项目管理、生产运行、经营管理的员工队伍；根植于三核本土的"安全无借口，赢在执行，以人为本，追求卓越"的安全理念已融入公司管理之中，"融合、坦诚、开放，阳光心态，关注细节"的工作氛围普遍为员工所认同；员工火热的创业激情逐步转化为稳定的运营管理心态。逐步构筑起了企业文化与经营管理互相渗透、互相融合、相互促进的机制,逐渐形成了具有核电特色的三核文化。

三核文化按其特征分为精神、制度、行为、物质四个层面。核心层为精神文化层,第二层为制度文化层,第三层为行为文化层,外表层为物质文化层。

(1) 精神文化层

精神文化是三核文化的核心和灵魂,是全体员工共同信守的基本信念、价值标准、职业道德及精神风貌,是形成物质文化和制度文化的基础和依据。精神文化层包括精神、目标、宗旨、价值观、使命和期望。

精神文化层的实质是培养全体员工敬业精神、职业道德、事业心和责任感,以及思考问题和透明的工作态度,遵章守纪的自觉性和良好的工作习惯。

我们根据核行业的特点,在弘扬核工业优秀文化的基础上,结合核电站的安全生产和员工队伍的状况,认真总结和提炼了具有核电特色的公司理念体系。

• 公司宗旨

以安全、清洁、优质的核电,服务社会,造福人民。

释义:公司宗旨体现秦山三核作为核能发电企业存在的意义和价值。安全,指公司坚持安全第一,确保核电站安全可靠运行;清洁,指公司生产的核电是清洁、绿色的能源;优质,指公司为公众提供安全、可靠、经济、优质的电力;服务社会,造福人民,指公司通过提供安全、清洁、优质的核电,创造良好的经济效益,树立良好的社会形象,造福人民群众。

• 公司价值观

保证公众、环境和员工的安全和健康享有最高优先权;对安全和健康的损害是一种道义上的罪恶,对于可预防的事故,没有采取必要的预防措施负有道义上的责任;采取一切可行的技术和组织措施预防事件和事故的发生。

释义:公司价值观决定员工共同的行为取向,是衡量员工内聚力的尺度。秦山三核坚持以人为本,安全第一,视安全和健康为首要任务。大力营造情系三核,情系安全的工作氛围。劳动创造财富,安全创造幸福。增强团队凝聚力,共同创造美好的明天。

除了公司宗旨、公司价值观,秦山三核还总结出了公司目标、公司安全理念、公司经营理念、两个永远、公司使命、公司管理模式、公司工作氛围、公司期望等完善的公司理念体系。

(2) 制度文化层

制度文化层是三核文化的中坚和桥梁,集中体现了精神文化层对员工和组织行为的要求,决定了员工的行为准则。它约束和规范着行为文化层、物质文化层及精神文化层的建设。制度文化包括企业法规、企业经营制度和企业管理制度。

包括管理方略、制度构架、核安全政策、星级管理评价体系等制度。

(3) 行为文化层

行为文化也叫行为规范,是生产经营活动中约定俗成的行为原则、标准和模式。行为规范体现了公司在长期的管理实践中形成的基本经验,是公司经营作风、精神面貌、人际关系的动态体现,是公司精神、价值观的折射。

秦山三核制定了《员工手册》、《公司期望》、《职业道德规范》、《运行人员行为规范》等行为规范。

•《员工手册》

秦山第三核电有限公司组织编印了适用于各部门工作性质的《员工手册》,对员工素养、道德、行为提出了具体要求。集中一段时间组织员工学习，使员工队伍的精神面貌和行为有了很大的改观。

·《运行人员行为规范》

包括“运行人员绩效目标”、“运行人员承诺”、“规范交流三字经”、“规范操作四字文”、“规范记录五字令”、“规范巡检六字言”、“规范监盘七字歌”、“规范交接八字曲”等。

(4) 物质文化层

物质文化是三核文化的外在表现和载体，是制度文化和精神文化层的外在表现形式。物质文化往往能折射出公司经营思想、管理哲学、工作作风和审美意识。

· 视觉识别标准

公司策划、设计并颁布《秦山三核视觉识别标准》。确定《托起明天的希望——秦山三核之歌》为公司歌曲。通过佩戴司徽、发放工作服、制作公司纪念品等系列工作，将公司统一的标志形象根植于员工思想中。

· 秦山三核的公司标志

秦山第三核电有限公司标志创意源于原子的形象，原子核周围围绕着电子，代表了公司是从事核能工业的企业。

绿色代表环保，表明公司正在经营安全、清洁、优质的绿色能源。

蓝色代表高科技的智慧，表明公司从事的是高科技产业。

【问题】

1. 核电企业的文化和其他企业，比如说前面提到的Google，有什么本质的不同？

第五章　核电厂员工行为管理

5.1　核安全文化下的行为管理

核安全文化与行为管理

建立核安全文化的目的，就是要规范所有参与核电站活动相关的组织和个人自身的行为以及相互的行为。

国际原子能机构(IAEA)核安全咨询专家组报告 INSAG-3 的定义

“遇到红灯绕着走，遇到黄灯闯着走，遇到绿灯抢着走。”这句改革开放初期，流传在深圳乃至广东的名言，成为许多“敢为天下先”企业所倡导的积极行为方式。与此相对应的是，在核电企业，我们采取“除非证明是安全的，否则我们就认为是有问题的”这样一种保守的行为方式。

企业不同，它的目的不同，它的文化就不同，从而行为规范也不同。长期以来，由于核能利用过程中会产生大量放射性物质，特别是其中包含相当大一部分长寿命的高放射性物质(半衰期数万年甚至数十万年以上)，如若外泄将给人体健康和生命及环境带来重大危害。由于核技术最初用于军事，原子弹爆炸的阴影长期留在人们的记忆中，加上切尔诺贝利事故后西方反核势力和媒体的夸大宣传，公众普遍存在“恐核心理”等原因，核安全的问题得到极大的重视。

切尔诺贝利核电站事故后，国际原子能机构(IAEA)通过调查，确认事故源于一系列人因失误——有意识违反操作规程：为完成汽轮机试验不顾反应堆将进入不稳定状态，眼看要发生事故还想试着把试验做完，最终酿成了一场人为的核灾难。1986 年，IAEA 国际核安全咨询组(INSAG)提交的《关于切尔诺贝利核电厂事故后审评会议的总结报告》中提出了“安全文化”(safety culture)概念，随后在 1991 发表了一篇专著《安全文化》(INSAG－4)，在核工业界引起了广泛重视和认同，安全文化的建设和评审工作成为核安全“纵深防御”的重要手段。

安全文化指的是存在于单位和个人中的特征和态度的总和，它确定安全第一的观念，并使核电厂的安全问题由于它的重要性必须保证得到应有的重视。这意味着“内在的探索态度、谦虚谨慎、精益求精，以及鼓励核安全事务方面的个人责任心和自我完善。”它强调的既是态度问题，同时又是体制问题，既和单位有关，又和个人有关，同时还牵涉处理所有核安全问题时所应该具有的正确理解能力和应该采取的正确行动。

安全文化主要包括单位内部的必要体制、管理部门的逐级责任制和各级人员响应该体制并从中得益所持的态度，见图 5-1-1。

就安全文化的表现形式而言，可由两个方面组成，除核电站内部的安全管理体系外，核电站各级人员对上述体系所持的工作态度、思维习惯和行为规范也是极其重要的方面。安全管理系统为安全文化建设提供了组织和运行机制的保证；而全体员工的工作态度、思维习惯和行为规范是安全管理系统建立、运行和不断完善的基础。

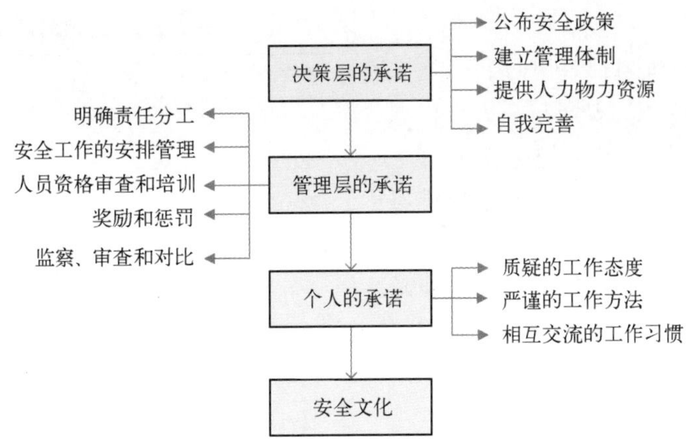

图 5-1-1　安全文化对组织和个体的要求

5.1.1　工作态度、思维习惯和行为规范

工作态度、思维习惯和行为规范作为核安全文化品质的特征，往往是抽象的。决策层和管理层是核安全文化的策划者，由执行层把核安全文化通过具体的工作体现出来。

(1) 工作态度

在核电站，强调人人都是一道屏障。执行层就是最后一道屏障，是各种规章制度的落脚点。随着核电事业的发展，人员结构有了较大的改变，必须加强对他们的培训，不断完善教育和约束机制，以避免不良工作习惯和思维方式抢先占据员工的大脑；要使核安全素养在核电厂的工作中，逐渐成为一种传统、一种习惯、一种舆论、一种无形的约束，使我们的员工形成安全至上的意识。并且充分发挥员工的聪明才智，肯定其主人翁地位，坚持质疑的工作态度、严谨的工作方法和互相交流的工作习惯，只有这样机组才能保持良好的安全运行水平。

对核电厂的每个员工来说，个人的承诺包含质疑的工作态度；严谨的工作方法；互相交流的工作习惯，见表 5-1-1。

表 5-1-1　个人的承诺

1. 质疑的工作态度 我了解这项工作任务吗？ 我的责任是什么？ 我的工作和安全的关系如何？ 我具备完成任务的必要技能吗？ 与我相关的其他人的责任是什么？ 有什么异常情况？ 我是否需要帮助？ 什么地方可能会出错？ 出现失误会造成什么后果？ 应该怎样防止失误？ 万一出现故障，我该怎么办？
2. 互相交流的工作习惯 从他人处获取信息 向他人传达信息 无论是正常状态或异常情况皆汇报工作结果，并做书面记录 正确填写工作日志和工作单 提出新的安全建议
3. 严谨的工作方法 弄懂工作程序 按程序办事 对意外情况保持警惕 出现问题停下来思考 必要时，请求帮助 追求纪律性、时间性和条理性 谨慎小心工作 切忌贪图省事走捷径

(2) 思维习惯

建立正确的思维习惯,其原因在于《安全文化》所要求的制度、规定与个人工作态度,真正能够落实的前提是把它变成每个人的思维习惯。我们要建立正确的思维习惯,就要和错误的固有思维习惯作斗争,这并不是一件容易的事。正确的思维习惯是安全文化建设中最为重要又最为困难的部分。实践表明,形成良好的习惯并不容易,需要有足够的面对压力和挑战的勇气。

安全文化表现为一种正确的思维习惯,见表5-1-2。

表5-1-2 正确的思维习惯

正确的思维习惯
留有余量
坚守规则
确保纵深设防有效
重大活动要有验证
技术路线要经得起推敲
一有疑问,立即停工
理解所发生的变化
问题不过夜
找到并解决问题背后的原因
尽可能简单

孙光弟在《核安全文化》中提到的4个正确的思维习惯值得我们借鉴。

正确的思维习惯之一:始终坚持安全第一,做好风险防范

"除非证明是安全的,否则我们就认为是有问题的"。任何风险都是可以控制的,任何违章都是可以预防的,任何事故都是可以避免的。牢固树立风险管理的理念,要有强烈的风险意识,要有应急计划或应急预案。

正确的思维习惯之二:过程保证结果

"好的过程控制,一定会导致好的结果"。过程控制也叫过程管理,它是用过程保证结果。过程控制是人类半个世纪质量管理的经验和结晶。我们传统的做法是重结果忽视过程,重目标忽视对目标的管理,到头来目标完不成,结果不理想。

正确的思维习惯之三:细节决定成败

"重要的是做好眼前的每一件小事"。世界上怕就怕"认真"二字,中国并不缺少"雄韬伟略的战略家",缺少的是"精益求精的执行者"。并不缺少各类管理制度,缺少的是对规章条款不折不扣的执行。

正确的思维习惯之四:没有最好,只有更好

"追求卓越是我们的工作目标"。

(3) 行为规范

行为规范形成核电人独特的行为方式。行为规范也叫行为文化,是生产经营活动中约定俗成的行为原则、标准和模式。行为规范体现了公司在长期的管理实践中形成的基本经验,是公司经营作风、精神面貌、人际关系的动态体现,是公司精神、价值观的折射。

由于核电自身具有"核电无小事"的特点,为保持和持续提高核电站的安全水平,仅机械地遵守程序和执行程序是不够的,必须用核安全文化规范员工的行为。在电厂运作过程中,始终保持如履薄冰的态度,把核安全置于超乎一切之上的地位,用一整套科学而严密的规章制度使全体员工养成自觉遵章守纪的良好工作习惯,形成核电企业区别于其他企业的特有的行为方式。

大量统计资料表明,各类事故中,人因失误占了很大的比例。为此,核电企业必须建立一套科学的、完善的、高标准的规范来约束员工的每一步操作,约束员工的行为。以秦山三核为例,他们制定了《员工手册》、《公司期望》、《职业道德规范》、《运行人员行为规范》等行为

规范。

除此之外,“防人因失误工具”,《运行人员行为规范》,“IAEA 的系统化培训方法(SAT)”,《公司期望》、《职业道德规范》等都对形成核电企业独特的行为规范起到巨大作用。

5.1.2　秦山二核防人因失误工具

1986 年三哩岛核电站和 1989 年切尔诺贝利核电站相继发生事故后,美国核电运行研究院(INPO)和世界核电者运行协会(WANO)组织先后成立。这些组织和各学科合作,取得了一系列科研成果。防人因失误工具在这种背景下诞生。由于实际问题不同,世界各国核电业界之间并没有统一标准,所采用的防人因失误工具也不同。秦山第二核电厂通过对外交流,结合中国人的特点,开发出具有自身特色的防人因失误工具。自从采用这些防人因失误工具以来,人因失误事件大为减少,运行人员的安全意识也大大提高。

(1) 自检

人在犯一些失误的时候,如出门忘记带钥匙,往往会把这些失误归结于不小心,但核电厂却很难容忍这些不小心。自检是预防这类失误的工具,它就是在任何工作前停下来(Stop),想一下工作的风险(Think),然后再按要求进行工作(Act),最后再回顾一下(Review)。因为 Stop,Think,Act,Review 4 个英文单词的第 1 个字母组合是 STAR(星),这种工具又被称为明星自检。这个过程一般按照下面的步骤进行:

1) 停下来;

2) 察看要操作的设备的房间位置是否正确(这样可以避免走错间隔);

3) 确认要操作的设备编号是否正确,是否和规程及操作单上一样;

4) 操作之前预想一下,如果这样操作后果是什么;

5) 按照规程或操作单进行正确操作;

6) 操作完后观察结果,看是否和预想的结果一致。

(2) 严谨执行规程

核电厂的一个重要特点就是有比较完善的规程体系,无论是对日常运行还是大修的任何操作,都有相应的规程来规范。秦山第二核电厂的规程体系是比较完善的,基本涵盖了所有的操作,规程经过编写、校核、审查,漏洞很少。很多规程加入了以前的经验反馈内容,对防止错误的作用是很明显的。但在实际中,很多人还是喜欢按照自己的方法进行工作,这样就很容易出问题。当然,使用规程必须先检查规程的有效性,规程必须是授权过的、正确的、对该项工作适用的。

严谨使用规程还有很多细节,如有时候运行人员按照规程操作,但步骤和次序搞错,也会出现问题。因此,在执行规程前,主控操纵员或主管必须指出哪些步骤是需要执行的,并划掉不需要执行的步骤。另外,执行规程时也不能跳项,执行完一步,打勾,再进行下一步,最后在执行完的部分签名;如果执行有异常,也必须注明。

(3) 清晰的交流

核电厂运行中的正常和紧急操作都需要正确的语言交流,交流是执行工作的前提。

由于在语言方面存在地方方言,交流过程中受发音等因素影响会产生误解,导致信息交流错误,影响运行人员操作,严重时会导致停堆停机等风险。所以,清晰的交流是运行操作重要保证的一个方面。通常可采用三段式沟通来保证交流清晰、通畅。三段式沟通的原则如下：

1）沟通前确认使用的工具可以清晰传递信息(如使用对讲机或电话时确认通话正常)；

2）确认沟通者的姓名；

3）传达信息后再重复一遍，确认信息传达正确，双方均已理解；

4）参数和设备代码需要逐字传递；

5）避免使用含混不清的语言。

三段式沟通是清晰交流的一个基本方法，它包括以下3个重要环节：

1）发送者按照上述原则向接收者传达一个信息；

2）接收者接到信息后，重新按照上述原则向发送者重复一遍这个信息；

3）发送者确认接收者重复的信息与发送的信息一致，以表达"对的"方式认可信息传送正确。

清晰的交流不仅体现在信息交流技巧上，对于一些容易传递错误的字母也有特别的要求。核电厂为了多方面需要，往往采用3个英文字母作为系统代号，在传递口令时，如果传递错误，就可能造成工作对象错误。因此，要求传达英文字母代号时，必须采用联想传递，如发送设备编号"MN"时，使用"Mother"的"M"和"Nike"的"N"，这样就能避免因口音含混不清造成的发送错误指令。

(4) 质疑的态度

根据对事件历史记录的研究，发现很多事件在发生前都会出现端倪，因此，工作中持有质疑的态度就非常重要，这样往往能发现很多事件的前兆。质疑的态度并不是对同事工作的不信任，而是带着思考的头脑去工作，避免盲从。

(5) 工前会

工前会就是在进行一项工作前召集相关人员进行讨论，通过充分讨论工作的主要内容和关键事项，使工作人员注意到工作中的风险，避免在工作过程中出现失误。工前会和很多常规电厂的交底会比较类似，但它汲取了西方核电发达国家的经验，内容要求更加程式化。

如果按照这样的程式进行，工作前的各风险点和要求都能兼顾到；如果某一方面做得不够，则可能导致工作过程中出现问题。工前会一般按照以下5个步骤来进行：

1）审查知识和经验；

2）检查各关键步骤；

3）检查易出错的情况；

4）设想可能出现的最坏场景；

5）审查保护和预防措施。

工前会不仅注意工作中的风险，还特别注重对人员的保护，展现了人性关怀的部分。因为对核电厂来说，不仅仅是核安全，人员的安全也非常重要。

(6) 工作观察/督导

工作观察/督导原本是用在WANO同行评估的一种技巧，它对提高核电管理水平是非常有帮助的。因此，秦山二核首创地将这种方法列为一种防止人因失误的工具。工作观察/督导要求科值长、部门经理甚至生产厂长，对员工的现场工作、中央控制室运行活动、员工培训进行观察，然后提出改进意见。这种方法看似简单，但它汲取了先进核能国家在厂房管理

(housekeeping)、辐射防护(radiationprotection)、工业安全(industry safety)等领域的成果,可以为核电厂提供自我提高的平台。

秦山二核为了提高这方面的技术水平,专门请WANO专家对二核技术人员进行指导,提高他们工作观察的水平,也使得这种工具不再空洞,具有很强的操作性。核电厂防人因失误工具能实实在在地减少核电厂的人因失误,提高电厂的安全运行水平。

秦山二核自从运用防人因失误工具以来,有效地减少了人因失误,为电厂国产化机组缔造一流业绩作出了应有的贡献。

资料来源:董志彬,侯英东,戚屯锋:《电力安全技术》,2009

5.1.3 秦山三核运行人员行为规范

(1)《运行人员绩效目标》

规范行为　实践核文化

保守决策　确保核安全

敬业爱岗　培养核人才

团队协作　创造核业绩

持续提高　追求核卓越

(2)《运行人员承诺》

以安全生产为目标,以稳定运行为己任,持续规范我运行行为,不断提高我生产技能,不让隐患从我眼前溜走,不让事故在我手中发生,确保机组安全、可靠、经济运行!

《规范交流三字经》

三字经,礼先行;通电话,先报名;词规范,言清晰;备纸笔,以记录;细聆听,谨复诵;诵无误,始执行;干核电,重协作;勤沟通,无差错。

(3)《规范操作四字文》

工前会:明确任务,分析风险,预想事故,审查规程,分派工作,把握要点;

操作中:规程在手,工具有效,操作监护,密切配合,明星自检,确保无误;

操作后:查看参数,检查响应,发现异常,设法纠正,确认打钩,及时汇报。

(4)《规范记录五字令》

有令即有行,有行必有痕;

急事下口令,录音查有根;

记录五要素,人时地事因;

字迹要清晰,内容须完整。

(5)《规范巡检六字言》

准备巡检工具,掌握机组状态;

耳鼻眼手齐用,质疑态度常在;

巡检按时进行,项目内容不漏;

及时报告缺陷,隐患不让溜走。

(6)《规范监盘七字歌》

在役设备严监视,明察秋毫弦不松;

参数趋势勤分析,设备异常早得知;

报警清单常翻阅，报警响应须及时；

报警功能慎屏蔽，保守决策不忘记。

(7)《规范交接八字曲》

交班准备井然有序，状态不稳先行处理；

缺陷隐患逐一交代，交接无误工况清晰；

接班前后仔细检查，连续工作现场交班；

班前会议主动参与，机组状况了如指掌。

5.2 核电厂组织特点

从组织结构来讲，有直线型结构、职能型结构、直线职能型组织结构、事业部制组织结构、矩阵式组织结构、多维立体组织结构和委员会等形式，核电厂是典型的直线职能型组织结构。

5.2.1 直线职能型组织结构

直线职能型组织结构是现代工业中最常见的一种结构形式，而且在大中型组织中尤为普遍。这种组织结构的特点是：以直线为基础，在各级行政主管之下设置相应的职能部门(如计划、销售、供应、财务等部门)从事专业管理，作为该级行政主管的参谋，实行主管统一指挥与职能部门参谋-指导相结合。在直线职能型结构下，下级机构既受上级部门的管理，又受同级职能管理部门的业务指导和监督。各级行政领导人逐级负责，高度集权。因而，这是一种按经营管理职能划分部门，并由最高经营者直接指挥各职能部门的体制。

直线职能型组织结构被称为“U型组织”或“单一职能型结构”、“单元结构”(U-form Organization，Unitary Structure)。这种组织结构，相对于产品单一、销量大、决策信息少的企业非常有效。

在20世纪初期(以及在此之前)，经济增长的主要特点是劳动分工，这激发了职能制结构的产生。美国钢铁公司就是以这种方式在1901年成为第一个10亿美元的企业的。美国标准石油公司也是采用直线职能型结构的先驱。这种组织结构同样也在福特时代的汽车工业得到应用，它使福特公司开发出流水线作业方式，使汽车工业得以规模化并带动了经济上的成功。

直线职能型组织结构比直线型组织结构具有优越性。它既保持了直线型结构集中统一指挥的优点，又吸收了职能型结构分工细密、注重专业化管理的长处，从而有助于提高管理工作的效率。

直线职能型组织结构的内在缺陷具体如下：

(1) 属于典型的“集权式”结构，权力集中于最高管理层，下级缺乏必要的自主权。

(2) 各职能部门之间的横向联系较差，容易产生脱节和矛盾。

(3) 直线职能型组织结构建立在高度的“职权分裂”基础上，各职能部门与直线部门之间如果目标不统一，则容易产生矛盾。特别是对于需要多部门合作的事项，往往难以确定责任的归属。

(4) 信息传递路线较长，反馈较慢，难以适应环境的迅速变化。

直线职能型组织结构所存在的问题是经常产生权力纠纷，从而导致直线人员和职能参谋人员的摩擦。为了避免这两类人员的摩擦，管理层应明确他们各自的作用，鼓励直线人员合理运用职能参谋人员所提供的服务。

5.2.2 大亚湾核电运营管理有限责任公司组织结构图

大亚湾核电运营管理有限责任公司(简称运营公司)成立于 2003 年 3 月，由广东核电合营有限公司(GNPJVC：Guangdong Nuclear Power Joint Venture Company，Ltd. 简称合营公司，大亚湾核电站的业主公司)和岭澳核电有限公司(LANPC，简称岭澳公司，岭澳核电站(一期)的业主公司)共同投资设立。2009 年 9 月，经股权结构调整，香港中电核电运营(中国)有限公司和广东核电投资有限公司分别拥有运营公司的 12.5%和 87.5%的股权，见图 5-2-1。

运营公司是我国核电行业第一家专业化的运营管理公司。运营公司组织机构见图 5-2-2。目前，运营公司负责营运大亚湾核电站和岭澳核电站(一期)共 4 台百万千瓦级压水堆机组；负责正在建设的岭澳核电站(二期)两台百万千瓦级机组的生产准备，及投产后的营运管理。2008 年 4 月，运营公司成立阳江分公司，负责阳江核电站 6 台百万千瓦级机组的生产准备和营运管理。2009 年 3 月，运营公司成立防城港分公司，负责规划建设 6 台百万千瓦级压水堆核电机组的生产准备和营运管理。2009 年 5 月 10 日 12 时 10 分，大亚湾核电站、岭澳核电站(一期)4 台机组商运后累计上网电量达到 3 000 亿千瓦时，以优异的业绩回报了社会，取得了公众的信任，受到国际、国内同行及国家主管部门的广泛赞誉。

运营公司是独立法人企业，依法设立董事会、监事会和管理机构，实行董事会领导下的总经理负责制，严格按现代企业制度运作。

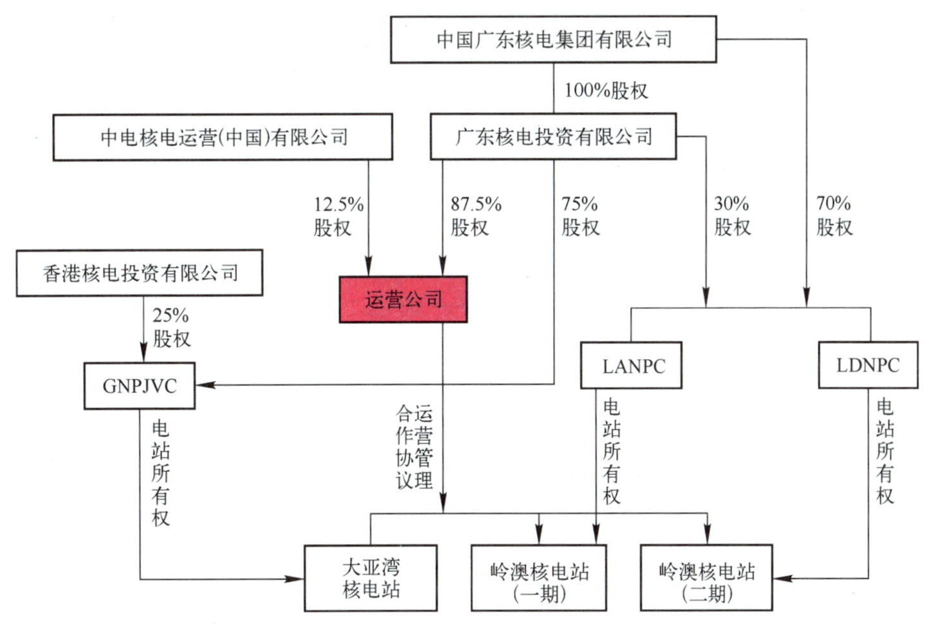

图 5-2-1 运营公司治理模式

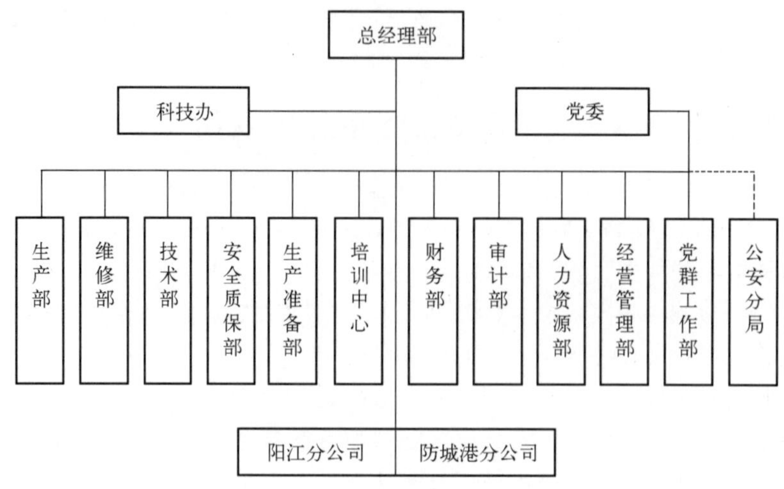

图 5-2-2 运营公司组织机构

5.3 核电厂员工的职业素养养成

每个人都是一棵树，原本都可以成为大树，而根系就是一个人的职业素养。枝、干、叶、型就是其显现出来的职业素养表象。在职业素养中，专业是第一位的，但是除了专业，敬业和道德是必备的。

拥有职业素养的人是职业化的人。简单地讲，职业化就是一种工作状态的标准化、规范化、制度化，即在合适的时间、合适的地点，用合适的方式，说合适的话，做合适的事。使员工在知识、技能、观念、思维、态度、心理上符合职业规范和标准。

职业素养是一个人职业生涯成败的关键因素。职业素养量化就成了“职商”(career quotient，CQ)。也可以说一生成败看职商。

职业素养概括地说包含职业修养、职业行为习惯、职业技能 3 个方面，见图 5-3-1。

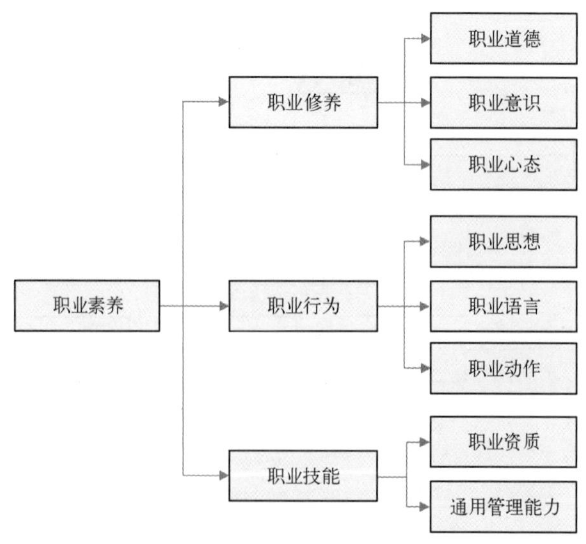

图 5-3-1 职业素养的构成

前两项是职业素养中最根基的部分，而职业技能是支撑职业人生的表象内容。在衡量一个人的时候，企业通常将二者的比例以 6.5∶3.5 进行划分。

前两项属价值观、人生观范畴的产物。从出生到退休或至死亡逐步形成，逐渐完善。而后一项是通过学习、培训比较容易获得。例如，计算机、英语属职业技能范畴的技能，可以通过 3 年左右的时间令我们掌握入门技术，在实践运用中日渐成熟而成专家。可企业更认同的道理是，如果一个人基本的职业素养不够，比如说忠诚度不够，那么技能越高的人，其隐含的危险越大。

5.3.1 职业道德和意识

微软用人理念

2006 年，一位来自河南南阳理工学院软件学院女生，在大一时就被选拔到微软中国的集训营集训，最终成为 30 名实习生之一。通过努力，她最终成为 30 名实习生中留在微软中国总部工作的 3 人之一。

微软竟然在莘莘学子中挑选一个普通院校的女大专生作正式员工，实在让人感到惊奇。为什么微软选择录用来自于高职院校的一名女大专生呢？

微软一个著名的用人理念：求人不求才。他们认为，信息时代，知识更新快，任何刚毕业大学生都很难是完全适应的“才”，因而微软并不重视所谓名校品牌式高学历。他们认为只要是一个“人”就可以进入公司，边干边学，并很快成为“才”。微软所谓的“人”是指聪明、好学、踏实、自信，具备高尚道德和较强的团队合作精神的人。

微软特别青睐“三心”人才。一是热心的人。对公司充满感情，对工作充满激情，对同事充满友情；能够独立工作，有许多新奇想法，又与公司整体利益、长远利益为重，视公司为家，和同事同结协作、荣辱与共。二是慧心的人。脑子灵活、行动敏捷，能够对形势准确把握、从容应对、尽快适应，在短期内学会、掌握所需的知识和技能。三是苦心的人。工作非常努力、勤奋，吃得了苦。

随着社会的发展，职业生活与人们的职业行为呈现出复杂性、多样性和竞争性，这就需要人们用法律和道德来规范自己的职业行为，以适应社会主义市场经济的要求，成为国家和社会所需要的有用人才。

职业，就是人们所从事的工作，即人们长期从事的具有专门业务和特定职责的，并以此作为主要生活来源的社会活动。

职业道德，是从事一定职业的人在职业生活中应当遵循的具有职业特征的道德要求和行为准则。

职业道德作为职业生活领域特殊的行为调节手段，具有自己的一些特征，这些特征表现为：

- 行业性。职业道德是与各个行业的职业活动联系在一起的，它所规范的是该行业从业人员的职业行为，因而职业道德具有鲜明的行业性。如教师的职业道德就应强调热爱学生，尊重学生，为人师表，教书育人；医务人员的职业道德就应强调治病救人，救死扶伤；营业员的职业道德就要强调公平买卖，童叟无欺，顾客第一，信誉第一等。
- 继承性。例如，医生，无论是古代还是现代，中国还是外国，都始终一致强调对病人一视同仁，救死扶伤，实行人道主义。这些一切为病人的职业道德要求，一直沿袭至今。

- 明确性。明确从事某种职业的人们应该做什么，不能做什么。例如，医生，其工作目标就是救死扶伤，如果眼见伤病患者而不尽力医治，或者拿回扣滥开药方，诸如此类，“该干的不干，不该干的干”，就是不道德的。
- 调节的有限性。特定职业道德一般只是约束从事本职业活动的人员。

(1) 职业道德的基本要求

职业道德是社会道德的重要组成部分，是社会道德在职业生活中的具体体现。随着现代社会分工的发展和专业化程度的增强，市场竞争日趋激烈，整个社会对从业人员职业观念、职业态度、职业技能、职业纪律和职业作风的要求越来越高。要大力倡导以爱岗敬业、诚实守信、办事公道、服务群众、奉献社会为主要内容的职业道德，鼓励人们在工作中做一个优秀的社会主义建设者。

1) 敬业

因为我在那个位置上

几年前，美国心理学博士艾尔森对世界100名杰出人士做了一项问卷调查，结果让他十分惊讶——其中61%的人承认，他们所从事的职业并非他们所喜欢的，至少不是最理想的。

一个人竟然能够在自己不大感兴趣的领域里取得辉煌的业绩，除了聪颖和勤奋，靠的还有什么呢？纽约证券公司苏珊的经历极具代表性。苏珊出生于中国台北的一个音乐世家，她从小学习很认真，各科成绩均是优异，毕业时被保送到麻省理工学院，并拿到了经济管理专业的博士学位。如今已是美国证券业界风云人物的她，依然心存遗憾地说：“至今为止，我仍说不上喜欢自己所从事的工作。如果能够让我重新选择，我会毫不犹豫地选择音乐……”

艾尔森博士问她：“你不喜欢你的专业，为何你又做得那么优秀？”

“因为我在那个位置上，那里有我应尽的职责，我必须认真对待。对工作认真负责，也是对自己负责。”

国外的一项调查显示，学历资格已不是公司招聘时首先考虑的条件，大多数雇主认为，正确的工作态度是公司在雇用员工时最优先考虑的，其次才是职业技能，接着是工作经验。毫无疑问，工作态度已被视为组织遴选人才的重要标准。

敬业是良好工作态度在职业行为中的体现。敬业，就是要用一种恭敬的态度，来对待自己的职业，即对自己的工作要专心，认真负责任。能够为做好本职工作尽心尽力。

2) 诚信

诚实守信是职业道德的重要内容。任何一个人在自己的职业生涯中都应当做到说老实话、办老实事，不弄虚作假，不隐瞒欺骗，不自欺欺人，表里如一。任何一个从业者都必须遵守职业承诺，不仅是遵守职业规则，还要说话算数，说到做到，否则不仅影响自己个人的形象，更损坏了所在工作单位的形象，作为政府官员如果不讲诚信，不仅损害自己的形象，还会损害政府的形象。

同仁堂经历300多年不倒的秘密

以“济世养生”为宗旨的北京同仁堂创建于清康熙八年(1669年)，由于“配方独特、选料上乘、工艺精湛、疗效显著”，自雍正元年(1721年)起，同仁堂正式供奉清皇宫御药房用药，历经八代皇帝，长达近二百年。

老一辈创业者伴君如伴虎，不敢有丝毫懈怠，终于造就了同仁堂人在制药过程中小心谨慎、精益求精的企业精神。

在300多年的历史长河中，历代同仁堂人树立“修合无人见，存心有天知”的自律意识，确保了“同仁堂”这一金字招牌的长盛不衰。有一次当经销商在广告中擅自增加并夸大某种产品的药效时，同仁堂郑重登报予以纠正并向消费者道歉。

同仁堂品牌作为中国第一个驰名商标，享誉海外。目前，同仁堂商标已经受到国际组织的保护，在世界50多个国家和地区办理了注册登记手续。成为拥有境内、境外两家上市公司的国际知名企业。

3）公道

公道是从业人员加强自身道德品质修养的重要内容，特别是那些掌握人民赋予他一定权力的从业人员，更应当学会办事公道。从业人员应当在处理个人与国家、集体、他人的关系时，公私分明、公平公正、光明磊落。

· 坚持公平、正义的原则；
· 要不谋私利，反腐倡廉；
· 要不计得失，不畏权势。

白玉无瑕

汉武帝刘彻在位时，司马迁在朝中任太史令，负责编写《史记》。当时，许多达官贵人都想讨好司马迁，期望通过他的笔给自己在历史上留下好名声，于是纷纷给他送来奇珍异宝。

有一天。朝中最得宠的大将军李广利派人给他送来一件礼物，司马迁的女儿妹娟打开送来的精致盒子，发现盒子里放着的是一对世间罕见的珍宝——玉璧。

司马迁发现妹娟对宝物有不舍之意，于是语重心长地说：“白璧最可贵的地方是没有斑痕和污点，所以人们才说，白玉无瑕。我是一个平庸而卑微的小官，从来不敢以白璧自居，如果我收下了这珍贵的白璧，我身上的污点就增加了一分，白璧不能要”，叫人送了回去。

司马迁所著的《史记》，被称为“史家之绝唱”，在我国历史上占有重要的地位，《史记》的价值就在于真实地记录了历史。司马迁何以能据实写史？原因之一就是他自身清白，珍惜自己的名誉，行得端坐得正。倘若司马迁见了别人的东西就喜爱，不珍惜自己的名誉，必定使他难以秉笔直书，《史记》也绝不会有今天这样的价值。

4）服务群众

服务群众，就是要对人民群众怀着赤诚与热情之心，以真情换理解，以奉献赢民心，以实干求稳定，把爱心贯穿于职业活动的全过程和日常行为之中。

《北京晨报》的一则报道说：一位公共汽车司机在行车途中突发心脏病猝死，临死前他用最后一丝力气踩住了刹车，保证了车上20多个人的安全。然后他趴在方向盘上离开了人世。他生命的最后举动，说明在他心里，时刻想到的是要对乘客的安全负责，他虽然是一个普通人，却体现出高尚的人格和职业道德。

· 把自己的工作与人民群众的利益联系起来；
· 密切同人民群众的血肉联系；
· 尊重群众，依赖群众，提高工作效率、改进工作作风；
· 维护人民群众的利益，反对腐败。

5）奉献社会

奉献社会是一种人生境界。奉献社会是职业道德中的最高境界，同时也是做人的最高境界。所谓奉献社会，就是全心全意为社会作贡献，是为人民服务精神的最高体现。有这种精神境界的人，他们把一切都奉献给国家、人民和社会。奉献是不期望等价的回报和酬劳，而愿意为他人、为社会或为真理、为正义献出自己的力量，包括宝贵的生命。奉献社会不仅有明确的信念，而且有崇高的行动。

(2) 职业意识

职业意识就是对职业的敏感、直觉和本能的思维过程。职业意识的形成不是突然的，而是经历了一个由幻想到现实、由模糊到清晰、由摇摆到稳定、由远至近的产生和发展过程。

职业意识有很多，如目的意识、行动意识、安全意识、客户意识、成本意识、营销意识、效率意识、质量意识、责任意识、团队意识、创新意识、服务意识……

对核电厂员工来说，以下几种职业意识非常重要：

安全意识：人只有有了安全意识，才会有安全行为；有了安全行为，才能保证安全。安全发电是核电企业生存和发展的基础。坚持“安全第一，预防为主”，将安全、质量与责任融为一体，完善管理制度，规范工作行为，巩固安全屏障，培育优秀的安全文化，一次把事情做对，提供安全、可靠、环保、经济的能源。

诚信意识：古人曰，人无信不立，人而无信，不知其可。市场经济是信用经济，一个企业、一个职业人、市场信誉是可以用价值(金钱)来度量的(信誉度)所谓名牌、品牌可以作为无形资产、产权交易就是这个道理。

顾客意识：大家都明白一句话，顾客是上帝，心术不正者往往把上帝作为宰上一刀的对象。顾客是商品的接受者、选择者、购买的决定者，顾客是商家的衣食父母，对待顾客的态度，实质上就是对待自己“饭碗”的态度。

团队意识：团队是拥有不同技能的人员的组合，他们致力于共同的目的、共同的工作目标和共同的相互负责的处事方式，通过协作的决策，组成战术小组达到共同目的。团队意识是一种主动将自己融入整个团体对问题进行思考，想团队之所需，从而最大限度地发挥自己作用的主动性意识。与之相对的是被动地、消极地服从。

一个企业犹如一个独立的社会经营团队，是由所有员工所组成的一个利益共同体，它既需要大家来维护、创造，又给每人带来了生活的经济利益与精神生活维护团队的声誉和利益。

自律意识：分清职业与业余的不同，从而在扮演职业角色时，能够克制自己的偏好，克服自己的弱点，约束自己的行为。

学习意识：每个人要想使自己有所成就，只有具备良好的学习心态、意识、不断充电、吸氧、与时俱进才能保持自己跟上时代步伐，才有可能实践人生价值，职业生涯的成功。

5.3.2 职业技能和资质

职业技能是劳动者所具备的专业知识和技能水平，职业资质是对从事某一职业所必备的学识、技术和能力的基本要求。

(1) 企业员工的职业技能培养

美国人力资源管理学者斯坦(O. Glemn Stahl)认为，培训的目的主要包括：

- 导入和定向。即通过培训，引导新员工进入组织，了解其工作和工作条件。
- 改进绩效。通过培训，传播事物的新方法、新法律和规章，了解技术发展和其他方面的变化，使工作人员具备实现良好绩效的有效方法。

· 拓宽员工的技能，扩展员工的价值。通过培训，为员工承担更多的工作和更大的责任做好准备。

1）员工职业技能培养的内容

现代培训按性质分为5个层次，即知识培训、技能培训、态度培训、观念培训、心理培训。

· 知识培训

现代社会中，知识爆炸与知识老化几乎同步进行。人才是知识的载体，更确切地说，是一个动态的载体。当他的知识更新速度大于老化速度时，人才就保持了竞争优势，相反，当老化速度超过更新速度时，人才就逐渐落伍于时代。因此，知识培训的主要任务是对企业员工所拥有的知识进行更新。知识主要包括科学文化知识、专业技术知识、基础理论知识和专业理论知识等。

科学文化知识。一般指中、小学生必须掌握的，由教学大纲规定的体现社会精神文明、物质文明的文化和反映自然界及人类社会思维方法的基本知识。

基础理论。是人类在实践中总结出来的普遍的客观规律，包括自然科学和社会科学方面的基础理论，如物理、数学、化学、政治经济学、哲学等课程或学科的基础理论。

专业技术知识。技术是人类在利用和改造自然的过程中积累起来并在生产劳动中体现出来的经验和知识，是为实现生产过程和非生产性需求所必需的经验和科学方法、手段的总和。专业技术知识是人们在从事职业活动中，体现出来的与职业活动直接相关的经验和知识。如测试技术、车工技术、家电维修技术、汽车修理技术等。

专业理论。专业是根据社会职业分工、学科分类，把不同生产性质的部门划分成的专门领域。专业的知识领域称为专业知识，其理论体系称为专业理论。专业理论是基础理论在一定的专业范围内，沿着实际应用方向的综合和发展所形成的理论。如工程力学、机构原理、自动控制理论等课程。

· 技能培训

随着时代的前进，每个行业、每个岗位，都会有新的能力要求。同时，随着现代产业结构的不断调整，大量的旧行业消失，新行业兴起，必然产生大量的转岗培训，社会的发展对技能提出了许多新的要求。联合国教科文组织认为，未来世界要求从业人员有3张绿卡：文化素质、专业才能和创业本领。创业本领，就是一种会把知识内化的能力。这种能力不是指简单的技能，而是对人的综合能力的一种表述。

· 思维培训

思维是自然界动物中，人类特有的功能。在人类社会，只能按常规思维的人，只能是“常人”，而能够进行创造性思维的人，才能称为“人才”。思维培训的主要任务是使参训者固有的思维定式得以创新，使得创新思维成为现代人的一种新的追求。

· 观念培训

有了知识，又有了技能，也有较好的思维方式，如果我们的观念是落后的，那么，我们的行动也必然是落后的。思维培训就是要引导受训员工实现思维观念的转变，使他们能及时适应社会环境的急剧变化，赶上时代前进的步伐。

· 心理培训

随着科学技术的飞速发展和社会的日益进步，世界上的国家之间、地区之间，人与人之间的竞争日益激烈，心理调整成为现代社会一个突出的问题。心理培训的任务就是要缓解由于激烈竞争而造成的巨大心理压力，同时，通过心理的调整，去开发自己的潜能。

2）员工职业技能培训的途径和方式

· 职业技能培训的途径

员工的职业技能培训，要有先进的教学设备，先进的培训模式和高素质的教师队伍等基本条件。根据企业的实际情况，技能培训的途径有以下几种：

在企业内培训。对于教学设备齐全，师资力量雄厚，有专门培训机构的企业，员工可以在企业内进行技能培训。

委托培训。对于工种较多，培训任务繁重或没有能力在企业内进行技能培训的企业，可以委托各级各类学校（如高级有技工学校、职业大学、职工大学和职业技术学院）或培训中心对员工进行技能培训。

联合培训。这种培训途径是两个或两个以上的企业，互派自己的员工到对方的企业进行培训，或共同组织培训机构，对员工进行技能培训。

· 技能培训的方式

业余培训。业余培训是员工利用双休日或空余时间进行技能培训。

现场培训。企业对员工在工作现场进行培训。

集中指导。它是对要进行技能培训的员工集中起来，在工作中进行指导的一种方法。

岗位转换。这是将员工从原有岗位调到其他岗位。这样，可以拓宽员工的技能，提高员工适应新工作的能力。

开展技能对抗赛。它是将同一职业（工种）的员工组织起来，让他们加工同一类型的产品，看谁加工的产品多、质量高，让他们在技能竞赛中，相互学习，以提高技能。

（2）职业资质

职业资质是对从事某一职业所必备的学识、技术和能力的基本要求。根据原劳动部、人事部联合颁布的《职业资质证书规定》有关精神，我国今后从业人员的职业资质分为从业资质和执业资质两种。从业资质是指从事某一职业（专业）的学识、技术和能力的起点标准，即从事某种职业的起点资质、起码水平。执业资质是指政府对某些责任较大、社会通用性强，关系公共利益的职业（专业）实行准入控制，是依法独立开业和从事某一特定职业（专业）的学识、技术和能力的必备标准。

5.3.3 职业行为和心态

（1）职业行为

STAR（明星自检）是规范人们行为的一种方法，在核电厂得到广泛的应用。不是所有企业都要求这样做，这是一种特殊的职业行为，它是因为核电站特殊的职业环境、职业要求所决定的。

职业行为是人们对职业劳动的认识、评价、情感和态度等心理过程的行为反映，是职业目的达成的基础。从形成意义上说，它是由人与职业环境、职业要求的相互关系决定的。它其实是一种职业化行为规范，包括职业思想、职业语言、职业动作等。

各个行业有各个行业的行为规范，每个企业有每个企业的行为规范，一个职业化程度高的员工，他能在进入某个行业的某个企业的较短时间内，严格按照行为规范来要求自己，使自己的思想、语言、动作符合自己的身份。

职业行为更多地体现在做事情的章法上，而这些章法的来源是：长期工作经验的积累形成的；在企业规章制度要求的；通过培训、学习来形成的。当我们进入一家公司，对公司的评判首先就是对公司员工所表现的行为的评判。通常，企业通过监督、激励、培训、示范来形成公司统一的员工行为规范。

无论从事任何职业，有一些职业行为规范是共同的。《我是职业人：职业人10项行为准则》提出了衡量职业化程度的10项行为准则。

结果证明价值：永远以结果证明价值，职场没有苦劳，只有功劳，职业人就是创造业绩的。将个人目标与公司目标相连才能创造良好业绩。

责任造就人品：永远以责任心证明自己的人品，忠诚于事业，坚守承诺，但忠诚不是要做"听话的员工"。

能力解决问题：永远把解决问题的技能作为核心能力，而不是把知识丰富作为核心能力。解决问题的能力是职业人生存的基石，学习知识的目的是增强解决问题的能力。

重视日常细节：永远注意日常行为的细节，随意永远是职业人的大敌。细节让你成为优秀职业人。

耐心对待顾客：与顾客打交道的过程中保持主动与耐心，不耐烦就是不职业。着眼于为顾客创造价值是职业人的生存基础，主动关注顾客的需求是职业人的必备素质。

遵守公司规范：把规范视为不可逾越的权威，逾规不等于勇敢和创新，遵守规则比勤劳和智慧更重要。

团队利益为重：以公司和团队的利益为重，仅仅关注自己则难以成功，通过认同力量增强团队精神。

精确时间观念：没有时间观念就是没有职业感。要养成良好的时间习惯，关注做事的效能是时间观念的实质。

沟通解决一切：将沟通能力视为不断修炼的课程，相信沟通能够解决一切，这是职业人的生存技能。

行为始终如一：只有始终如一，才能获得职业成功，虎头蛇尾绝对是职业人的死敌。

(2) 职业心态

现代规范化管理的企业需要高素质的职业化人才，规范化管理和员工职业素质相辅相成，相互促进。如果说规范化管理是高速公路，具有职业素质的员工就像在高速公路上行驶的汽车，只有这样的搭配才能使企业高速运转。

人与人之间通常只有很小的差异，但这种差异就是对事对物的态度，但这种差异往往造成人生结果的巨大差异，即成功或失败。个人事业能否成功，关键的往往不是你的才华，而是你的态度，见图5-3-2。"态度决定行为，行为决定习惯，习惯决定性格，性格决定命运"。想改变自己命运的时候，从改变自己的态度开始。什么样的心态将决定我们什么样的生活。唯有心态调整好了，你才会感觉到生活与工作的快乐。

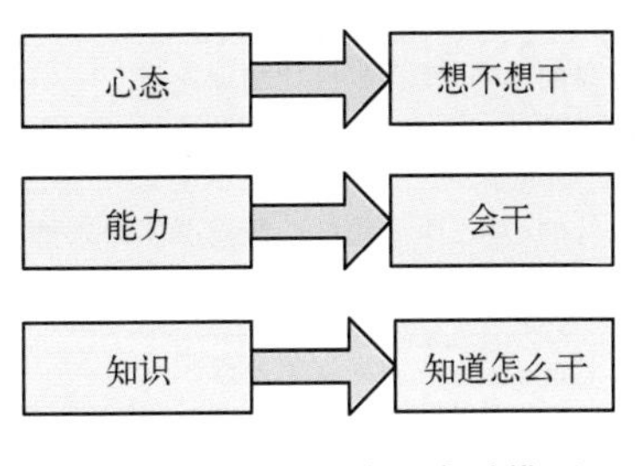

图5-3-2 职业成功的素质模型

每个人都有两种心态，一种是个人心态，另一种是职业心态。个人心态是指根据个人的感情变化，可以随时表露出来的一种心态反应。职业心态是指在职业当中，应该根据职业的需求，表露出来的心理感情。即指职业活动的各种对自己职业及其职业能否成功的心理反应。好的职业心态是营养品，会滋养我们的人生，积累小自信，成就大雄心，积累小成绩，成就大事业。有相当数量的人，分不清个人心态和职业心态，凭自己的情绪，用自己的个人心态来对待工作。区分个人心态与职业心态，能够更好地胜任自己职场的要求。

就职业心态而言，在现代的职场中有一句名言："心态决定一切"！表 5-3-1 列举了职业化必备的 18 种职业心态，就个人心态而言，培养阳光心态——知足、感恩、达观，它能让人保持心境良好、人际关系正常、适应环境、力所能及改变环境、人格健康等。也许你改变不了一件事情的结果，但是你却能够做到改变对它的态度，其结果会完全不同。找到正确的、积极的心态，才能凡事从容应对。

表 5-3-1　职业化必备的 18 种职业心态

积极的心态：这是职业心态的首位，两个重要的表现：一是不轻言放弃；二是不怨天尤人。塑造积极心态的 12 种方法：构筑正确的价值评估体系；要有开悟的精神，把生命和生活看透而不是看破；增强抗挫折的耐力；树立正确的思维方法；学会享受过程；活在当下，全身心投入；学会感恩；不要自责，相信自己；学会压力管理；培养远大的志向和宽广的胸怀；培养热心生活和乐观的生活态度；培养坚定的信念
主动的心态：职业化员工有 4 件事情要学会主动：本职工作要主动，协助他人要主动，对公司、对团队有利的事情要主动，提升能力和素质的事情要主动
空杯的心态：就是要有谦逊的心态
学习的心态：就是要有一种"三人行必有我师"的心态，要想着学习是无止境的
双赢的心态：美国人喜欢桥牌（竞、合），日本人喜欢围棋（大局、双赢），中国人喜欢打麻将（相互拆台）。缺乏双赢精神是中国文化的软肋所在，而 21 世纪双赢非常重要。企业中每位员工都应树立双赢意识
包容的心态：要学会严于律己，宽以待人
自信的心态：培养自信心的 8 种方法：破除自卑；抬头挺胸；要微笑面对生活；自信心的自我暗示；自信从行动开始；当众发言，学会大声讲话；下定决心；正确地、发展地、全面地看待自己
行动的心态：行胜于言
老板的心态：大局心态，责任心态
方圆的心态："方"讲的是做人的原则，做人要方正，"圆"讲的是处事的原则、处事的圆通，一个人只有做到做人的方正，处事的圆通，那么这个人才是企业当中优秀的员工
舍得的心态：有舍有得。有付出才有收获。小舍小得，大舍大得，不舍不得
反省的心态：反省是成功的加速器
服务的心态：内部与外部服务
服从的心态：西点法则。绝对服从的条件：不违法为前提，服从前你可以据理力争。员工服从上级，最根本的两条理由是：一是他比你站得高、看得远，正确性大得多；二是做决策他可以承担责任
奉献的心态：是一种道德要求
竞争的心态：两个重要方面：要有不服输的精神和上进心
专注的心态：只有专注才能够快速缔造成功
感恩的心态：感恩之心是做人的基本要求

5.3.4 基本职场礼仪

中国广东核电集团有限公司的职场规范

《中国广东核电集团有限公司中科华核电技术研究院有限公司员工手册》(2008年)(节选)

自觉遵守公司职场规范,不仅有利于维护公司的良好社会形象,也有利于树立和维护员工良好的个人形象。员工对职场规范的遵守,是对周围同事予以尊重的体现,也是对公司予以认同的体现。

1. 工作着装

男性员工着装:春夏季以衬衣配长裤为宜,秋冬季根据需要加穿西装或其他外套。在办公场所不允许穿背心、汗衫、短裤、凉鞋或其他有碍观瞻的奇装异服。参加公司商务活动等正式场合,如没有具体着装要求,原则上应着正装、系领带,穿皮鞋。

女性员工着装:以职业装为宜,春夏季衬衣配裙子或长裤,秋冬季以套装为宜,服装应不艳不露,大方雅致。在办公场所不允许穿低胸衫、吊带裙、超短裙、拖鞋或其他有碍观瞻的奇装异服。参加公司商务活动等正式场合,如没有具体着装要求,原则上应着职业装。

2. 仪容仪表

头发:上班应将头发梳理整齐,不留怪异发型,保持头发清洁,无异味。

面部:保持面部整洁、口气清新,男员工不留长须,女员工提倡化淡妆,饰物以少戴为宜,且应符合工作角色和身份,式样简洁,佩戴得当。

手部:保持手部干净,指甲修剪整齐,不可涂绘彩甲。

3. 办公礼仪

使用电话注意语言简明;

代接同事办公电话,作好必要记录并及时转达;

接待来访、业务洽谈要在洽谈室内或公司指定的其他区域进行;

注意保持整洁的办公环境,不在非吸烟区吸烟;

适时调整你的手机铃声,办公区域适当调低,培训、会议中请设为振动状态;

午餐期间严禁食用含有酒精类的各种饮品。

现代社会中,职场礼仪的重要性将日益凸显,它除了可体现个人的综合素质和修养,在全球化商务竞争中,也将成为展现企业形象的一部分而日益受到重视。东西方文明在文化上虽然存在着差异性,但是在现代职场,特别是外资企业中,对职场礼仪已经基本形成了一种共同的认识和行为规范,所以学习正规的职场礼仪是进入社会工作时,要走好的第一步。

中华民族素有“礼仪之邦”的美誉,可谓历史悠久,我国历史上第一位礼仪专家孔子就认为礼仪是一个人:“修身养性持家立业治国平天下”的基础。礼仪是普通人修身养性、持家立业的基础,是一个领导者治理好国家、管理好公司或企业的基础。

从某种意义上说,现代的市场竞争是一种形象竞争。树立良好企业形象的因素很多,其中高素质的员工,高质量的服务,每一位员工的礼仪修养无疑会起着十分重要的作用。

在日常生活和工作中,礼仪能够调节人际关系。从一定意义上说,礼仪是人际关系和谐发展的调节器,人们在交往时按礼仪规范去做,有助于加强人们之间互相尊重,建立友好合作的关系,缓和并避免不必要的矛盾和冲突。一般来说,人们受到尊重、礼遇、赞同和帮助就会产生吸引心理，形成友谊关系，反之会产生敌对、抵触、反感，甚至憎恶的心理。

礼仪具有很强的凝聚情感的作用。礼仪的重要功能是对人际关系的调解。在现代生活中，人们的相互关系错综复杂，在平静中会突然发生冲突，甚至采取极端行为。礼仪有利于促使冲突各方保持冷静，缓解已经激化的矛盾。如果人们都能够自觉主动地遵守礼仪规范，按照礼仪规范约束自己，就容易使人际间感情得以沟通，建立起相互尊重、彼此信任、友好合作的关系，进而有利于各种事业的发展。

综上所述，礼仪是企业形象、文化、员工修养素质的综合体现，我们只有做好应有的礼仪才能为企业在形象塑造、文化表达上提升到一个满意的地位。

(1) 同事相处的礼仪

真诚合作。接待单位各部门的工作人员都要有团队精神，真诚合作，相互尽可能地提供方便，共同做好接待客人的工作。

宽以待人。在工作中，对同事要宽容友善，不要抓住一点纠缠不休，要明了“人非圣贤，孰能无过”的道理。

公平竞争。不在竞争中玩小聪明，公平、公开竞争才能使人心服口服，应凭真本领取得竞争胜利。

主动打招呼。每天进出办公室要与同事打招呼；不要叫对方小名、绰号，也不要称兄道弟或以肉麻的话称呼别人。

诚实守信。对同事交办的事要认真办妥，遵守诚信。如自己办不到应诚恳讲清楚。

(2) 与上级相处的礼仪

尊重上级。树立领导的权威，确保有令必行。不能因个人恩怨，而泄私愤、图报复，有意同上级唱反调，有意损害其威信。

支持上级。只要有利于事业的发展，有利于接待工作，就要积极主动地支持上级，配合上级开展工作。

理解上级。在工作中，应尽可能地替上级着想，为领导分忧。

不管自己同上级的私人关系有多好，在工作中都要公私分明。

不要有意对上级“套近乎”、溜须拍马；也不要走另一个极端，不把上级放在眼里。上下级关系是一种工作关系，自己作为下属时，应当安分守己。

(3) 汇报的礼仪

遵守时间。汇报工作时要遵守时间，不提早，也不推迟。

注意礼貌。先敲门经允许后才进门汇报。汇报时要注意仪表、姿态，做到文雅大方、彬彬有礼。

语言精练。汇报时口音清晰，声音适当，语言精练，条理清楚。

汇报结束后应等到上级示意后才可告辞。告辞时要整理好自己的物品和用过的茶具、坐椅。当上级送别时，要主动说“谢谢”或“请留步”。

(4) 电话礼仪

随着现代通讯设施的发展，电话在人们生活中的使用越来越普及，接待部门更是如此。在电话接听、拨打服务中，应及时、准确、语言规范，见表 5-3-2。

表 5-3-2 电话礼仪

打电话	避免在午休和下班时间打公务电话 电话通后先确认对方的身份,并询问对方说话是否方便 以微笑的语调讲话 他人打电话时,保持安静
接电话	铃响三声接电话,如延迟,要向对方道歉 自报姓名,微笑语调接听,音量以不影响同事,对方能听清为宜 口中不吃东西
转电话	清楚询问来者身份,并转告接电话的人 过问电话时,用词礼貌 对方有留言时,重复对方讯息,写留言条贴于同事桌上,或电话通知同事 代为他人处理事情,留下自己姓名,告知同事处理内容和结果
挂电话	确认对方已经挂电话后,自己才挂 轻放电话

(5) 手机礼仪

先打客户固定电话,不在时再打手机;

未征得同事同意,不将同事手机号码告知他人;

手机铃声音量以不影响他人工作为宜;

手机铃声内容文明;

开会或培训时,将手机关闭或置于震动挡;

保密事宜,宜用手机在避开他人的地方拨打或接听。

(6) 邮件礼仪

主题用中文或用英文短语,不应空置;

当天的邮件当天回复,当天不能解决的问题,给对方一个解决问题的最后时间承诺;

每封邮件都应有一个回复,“收到,谢谢!”或“已处理,谢谢!”或进行邮件的自动回复设置;

对外正式邮件,应于邮件最后插入个人名片;

仔细检查邮件录入内容是否正确及是否挂附件后,再发送邮件;

应于邮件台头向收件人问好,最后感谢或祝好;

不发送附件过大的邮件或通过邮件发送保密文件。

(7) 接待来访的礼仪

来访者进入办公室时应马上站立,由桌后走出并握手问好。如当时正在接电话应马上结束通话,或请客人稍等,并表歉意。若客人先到,应表示歉意并简单解释延误原因。

客人坐定之后再坐,客人离开时应站立并送客人至门口或电梯处。

客人讲话时要耐心倾听,中途不要做其他接听拨打电话之类的事。

不要随意拍板,不要轻易许诺。不同意对方观点,要克制恼怒。

如果会见时出现某些使你为难的场面,可以直截了当地拒绝某一要求,也可以含蓄地暗示自己无法做到,或者干脆说明自己的难处来回避你不愿谈的问题。无论采取哪种方式都得注意礼貌用语和神态。

(8) 搭乘电梯的礼仪

在电梯门口处,如有很多人在等候,此时不要挤在一起或挡住电梯门口,以免妨碍电梯内的人出来。先让电梯内的人出来之后方可进入,不可争先恐后。

男士、晚辈或下属应站在电梯开关处提供服务,让女士、长辈或上司先行进入电梯,随后自己再进入。

与客人一起搭乘电梯时,应为客人按键,并请其先进出电梯。

电梯内不可抽烟,不能乱丢垃圾、吐痰,并尽量少说话。

在电梯里,尽量站成"凹"字形,挪出空间,以便让后进入者有地方可站。

即使电梯中的人都互不相识,站在开关处者,也应做开关的服务工作。

5.3.5 职业发展

职业发展(career development)是组织用来帮助员工获取目前及将来工作所需技能、知识的一种方法。职业发展涵盖了组织对企业人力资源进行的知识、能力和技术的发展性培训、教育等活动。

职业发展就是在员工选定的领域里,在员工能力所及的范围内,使其成为最好的专家。所谓专家并不一定特指研究开发人员或技术顾问。专家是在某一领域有深入和广泛的经验,对该领域有深刻而独到认知的人。至于行政管理能力、员工培养能力、团队建设能力、规划和沟通能力等,则是每个个体在职业发展过程中必须培养的能力要素,它们是实现职业发展的重要工具,但不是职业发展的目标。

(1) 职业发展的必要性

从组织的观点看,职业发展能降低员工流动带来的成本。如果企业帮助员工制订职业计划,这些计划可能与组织密切相连,员工就不大可能离开。热心于员工的职业发展能鼓舞士气,提高生产率,并帮助组织变得更有效率。事实上,组织对员工的职业发展感兴趣对员工也有积极的影响,在这种情况下,员工认为企业把它们看做是整体计划的一部分而不仅仅是一些数字。企业重视职业发展对员工看待他们的工作和雇主的方式也有积极的影响。

(2) 职业发展的负责者

1) 组织的责任

就职业发展而言,组织的责任就是开发并在组织内部向员工通告其职业选择权。要向员工传递组织内所存在的职业选择,组织应该把能实现员工职业目标的职业路径(career path),即组织为内部员工设计的自我认知、成长和晋升的管理方案,向员工提出详细的建议。在新的职位出现和老的职位被淘汰时,人力资源管理部门一般负责使这些信息能马上被员工了解。

2) 员工的责任

员工应依据个人的职业规划,积极采取一系列的实际行动,如要虚心接受公司各方面专家和直接管理者的有关职业发展的指导和建议,自觉地进行自我评价,选择一条正确的职业道路,接受公司组织的一系列的培训,并要加强各方面的学习等。

3) 直接管理者的责任

直接管理者在推进下属的职业发展中发挥重要作用。他们应该引导员工进行职业发展,然后帮助员工进行自我评估。管理人员起到的作用应该包括充当顾问、评价者、教练和指导者等。

(3) 职业发展的实施

1) 员工自我评估

员工的自我评估指员工个人对自己的能力、兴趣、气质、性格以及自己职业发展的要求等进行分析和评价,以确定自己合适的职业生涯目标和职业生涯发展路线。

2) 组织评估

组织评估是指组织利用相应的信息对员工的能力和潜力作出客观公正的评估。这些信息主要来自对员工的绩效评估,也包括反映该员工的受教育状况和以前工作经历等信息的人员记录。组织对员工的评估通常应由人力资源人员和员工的直接管理者共同完成。

3) 职业信息的传递

员工要确立自己的职业发展目标,就必须知道可以获得的职业选择和职业发展机会,并获得组织内有关职业选择、职业变动和空缺的工作岗位等信息。组织要及时为员工提供有关组织发展和员工个人的信息,增进员工对组织的了解,包括职位升迁机会与条件限制、工作绩效评估结果、训练机会等信息,帮助员工规划自己的职业发展通道。

4) 职业咨询

职业咨询是指伴随着员工整个职业生涯发展过程的各种咨询活动。在职业发展过程中,有可能出现许多员工无法预测或必须面对的难题,如职位升迁、跳槽、职能转换、人际关系等。职业咨询可以为员工解决职业发展中的困惑,为员工作出明智选择提供参考意见和决策支持。

5) 职业道路引导

职业道路引导可定义为一系列包括正式与非正式教育、培训及工作体验的开发活动,这些开发活动有助于员工从事更高一级的职位。职业道路引导指明了组织内员工可能的发展方向及发展机会,组织内每一个员工可能沿着本组织的职业道路变换工作岗位。

(4) 秦山三核职业路径和培训体系

秦山三核核电运营培训体系(见图 5-3-3)给出了清晰的核电企业职业路径,这个双重职业道路为管理人员和专业技术人员设计了一个平行的职业发展体系,管理人员使用管理类型的晋升阶梯,专业技术人员则使用技术类型的晋升阶梯,从而使专业技术水平高的员工不必进入管理层,也可以得到更好的发展。

图 5-3-4 详细地表现了从新员工到值长的职业通道。这是一种依据过去组织内员工的实际发展道路而制定出的一种员工职业发展模式。该职业发展通道设定了每一个较高层工作的必要准备。每一名员工要想向更高一级的岗位发展,都必须一级接一级地从一个工作到下一个工作进行变动,并做好所需要的准备。

【案例讨论】

大亚湾核电站核反应堆操作员(RO)素质模型构建

大亚湾核电站、岭澳核电站相继投产以来,运行业绩不断提升,在众多核电站考核指标中跨入了世界核电先进行列。根据国家能源发展战略,未来 15 年内,我国将会大力发展清洁核能源。核反应堆的数量将数十倍的增长,而对核反应堆操作员(RO)和高级操纵员(SRO)的需求将会成几何数量增长。如何以更科学、合理的方式选拔、培养一支高素质的

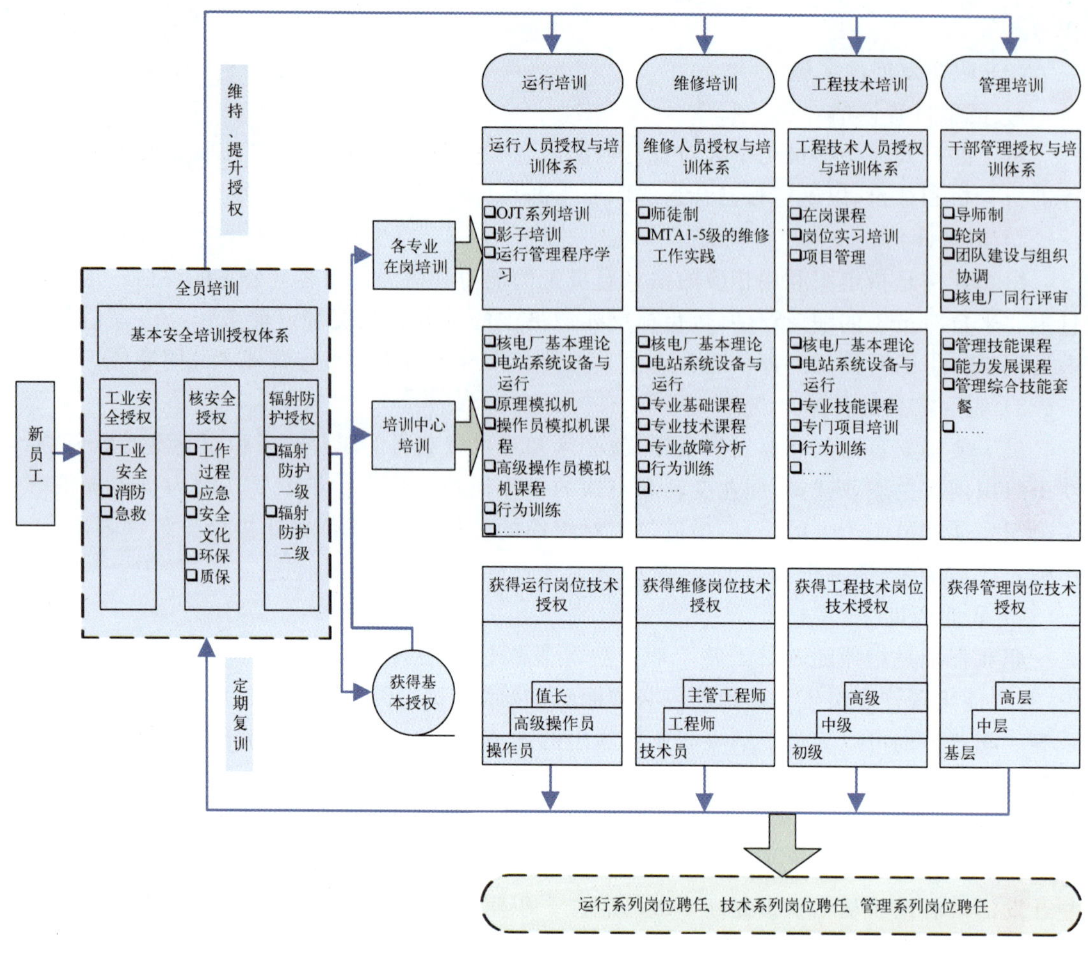

图 5-3-3 秦山三核核电运营培训体系

RO 人员队伍，这已成为广核集团乃至整个中国核电业在当前发展形势下所面临的一项重要课题。

RO 之于核电站，好比飞行员之于飞机，甚至有过之而无不及。没有飞行员，飞机性能再好也飞不起来。一个 RO 的培养周期要 6～8 年，培养一个 RO 的成本比培养一个战斗机飞行员的成本还要高，从初选到最后成功的概率并不是很高。如何提高 RO 人才的选拔效果，提高培养培训的有效性，缩短培训周期也是一种期望。要达到这一目标的前提是建立 RO 的岗位胜任力模型，而世界上目前还没有形成 RO 能力素质模型。

2006 年，大亚湾核电站运营公司开始启动他们的特殊岗位 RO/SRO 构建能力素质模型项目。项目的具体目标为：

1. 通过建立 RO/SRO 岗位人员素质模型，理清人才的素质标准；

2. 以素质模型为基础开发相应的素质测评工具，构建选拔体系应用于今后的 RO/SRO 人员的选拔工作；

3. 以素质测评所分析提炼出的共性特点为指导开发针对性的素质训练课程，以提升 RO/SRO 的综合素质。

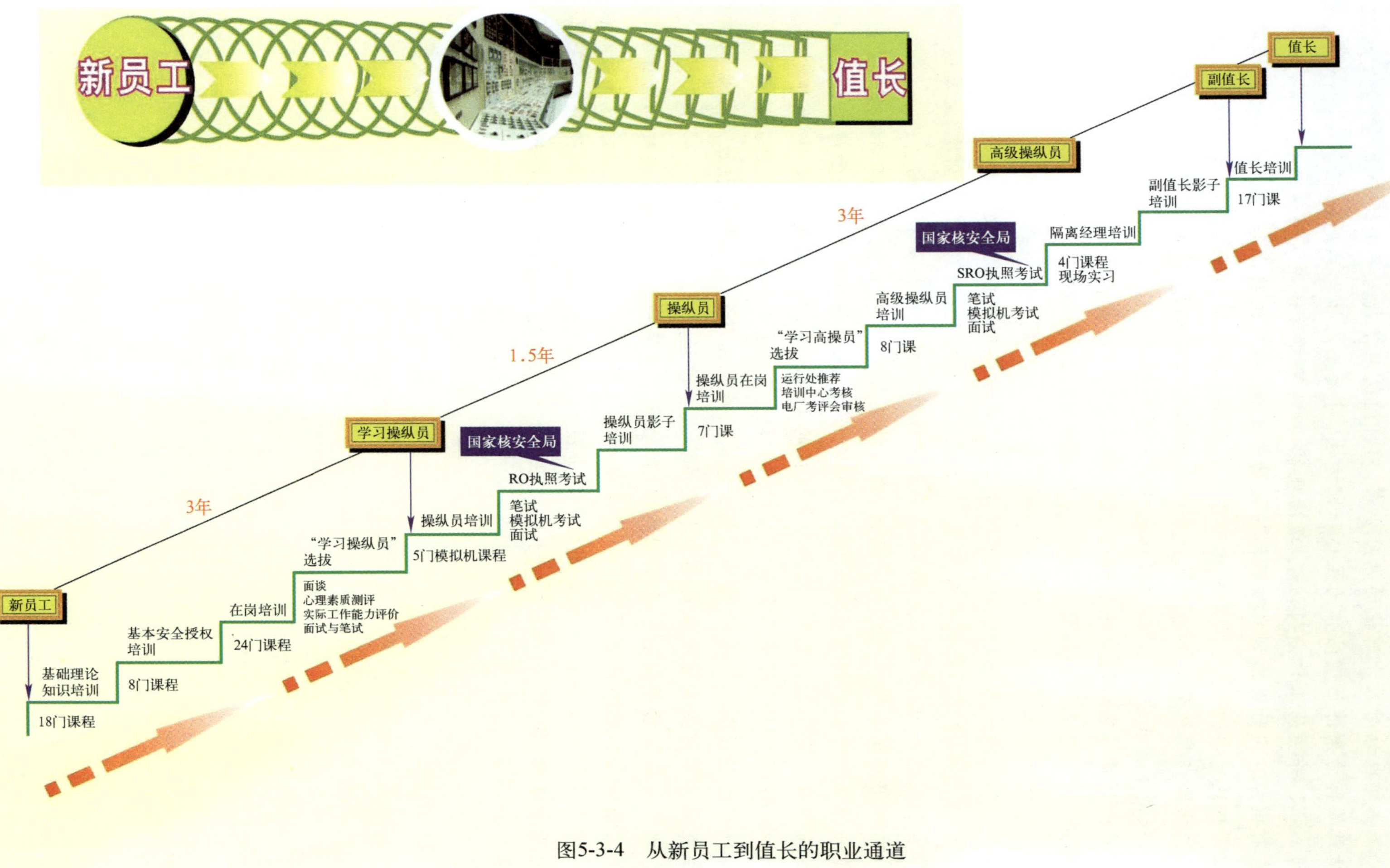

图5-3-4 从新员工到值长的职业通道

根据核电站对人才选拔的精度要求，项目组选用了最为严谨的素质模型构建方法，以区分绩效的行为事件访谈法作为主体研究方法，对大亚湾核电站的一百余人进行了大规模的调研、访谈，并运用工作分析访谈、现场观察、行为事件访谈等多种方法作为补充调研方法构建素质模型。同时考虑到本项目的选拔功能定位，项目组将个性测验作为补充调研引入素质模型构建中，以探索对胜任目标岗位具有重要支撑作用的深层次个人特质与心理机制，从而保证模型与岗位的更加紧密地结合。在抽取出初步指标后，项目组通过严格的统计检验方法，找到了真正适合选拔、评价核电从业人员的素质指标。

考虑到目标岗位的特殊性和从 RO 向 SRO 过渡和成长的实际需要，项目组创造性地用“门槛类”、“胜任类”和“成长类”三类名称对模型的指标进行了区分，以体现素质模型的倡导性以及和企业文化的适应。其中，“门槛类素质”是指成为 RO 或 SRO 所必须具备的素质，主要用于指导两类人员的选拔；“胜任类素质”是指成为一名优秀的 RO 或 SRO 所必须具备的素质，主要帮助他们规范日常行为，以创造更好的绩效；而“成长类素质”则反映了两类岗位的未来成长方向，是 RO 和 SRO 人员向更高岗位发展的指引和导向。

结合中广核集团对核电人员选拔、评价的实际需要，项目组根据前期构建的素质模型在大量的访谈和资料分析的基础上经过测评专家的讨论，并结合已有的测评工具和数据，有针对性地开发了用于校园招聘、技术人员选拔的素质测评工具、测验量表、行为评定问卷等；同时，结合 RO 和 SRO 两类人员的成长路径，设计了一套独立的用于对他们的日常工作行为进行评价的测评工具。这些测评工具体系有效地涵盖了核电站核心技术人员从刚毕业的大学生直至成长为技术管理人员的个人发展和成长过程。

为了将评价的理念融入日常工作中，帮助反应堆运行人员达到自我提升的目的，项目组根据素质模型的具体指标设计了一套素质训练课程，并开发了与课程配套的教案和教材。

通过本项目的实施，广核集团内部充分统一了对核反应堆操纵员的评价标准，掌握了一整套用于选拔、评价关键岗位人才的方法，为未来核电人才的选拔和培养进行了有益的探索。

【问题】

1. 如果你来构造这个素质模型，你认为这个模型应该包括哪些基本内容？
2. 能力素质模型对于员工个人来说有什么用处？

参考文献

[1] [美]罗宾斯,贾奇,著,李原,孙健敏,译. 组织行为学(第12版)[M]. 北京:中国人民大学出版社,2008.4.

[2] 胡冶岩. 行为管理学[M]. 北京:经济科学出版社,2006.12.

[3] 杨光,齐胜欣,刘永生. 组织行为学[M]. 北京:北京工业大学出版社,2006.6.

[4] 邵辉,邢志祥,王凯全. 安全行为管理[M]. 北京:化学工业出版社,2008.4.

[5] 核电厂员工行为管理调研资料[R].